中学受験

男の子を伸ばす親の習慣

算数教育家・
中学受験専門カウンセラー
安浪京子

青春出版社

はじめに

「男の子なのに、算数の点数が取れなくて……」
「男の子だからか、字が雑でじっと机に座っていられない」
「男の子のくせに、ノートに細かく色ペンを使うんです」

カウンセリングやセミナー、少人数での中受カフェなどで男の子の親御さんからよく相談される内容です。

私は中学受験算数の指導者であり、中学受験カウンセラーです。関西と関東の大手塾での指導経験があり、現在もプロ家庭教師としてご家庭にうかがって一対一の指導をしています。

一度に20人、30人の生徒に接する塾講師と、ご家庭の深いところにまで入って関わる家庭教師の立場とでは、見えるものがまったく異なります。

たしかに、塾で大声を出したり立ち歩いたりして授業妨害をするのは男の子に多く、宿題をきちんと出すのは女の子に多いため、「男子と女子は違うなぁ」と感じていました。

一般的に、男の子の特性としてよく言われるのは次のようなことです。

- 女の子より幼い
- 字が汚い
- 立体図形に強い
- 飽きっぽく長続きしない
- 落ち着きがない
- こだわりが強い
- 競争が好き

しかし家庭教師として一人ひとりの子どもと向き合うと、「男の子だから」「女の子だから」という性別ではなく、個人差が大きいと感じることが多々あります。

国語の得意な男の子もいれば、算数の得意な女の子もいます。

コツコツがんばることのできる男の子もいれば、努力のきらいな女の子もいます。

また、小学生男子のノートや模試の答案ではきれいな字をほとんど見ませんが、本気でていねいに書こうと思えばきれいに書ける子もいます。中学1年生になって、別人のようにきれいな字を書くようになる子もいます。

しかし、中学受験となると4年生から6年生までという狭い期間でわが子を見てしまうため、どうしてもアラばかりが目立つようです。

「男の子はこういうもの」という思い込みによって、成績が伸び悩んでしまっている子もいるのではないか……。そう考え、この本を執筆するにあたっていろいろな脳科学、発達心理学の本を読みました。

新しい発見もたくさんありましたが、少し残念に思ったのは、国内外を問わず、どの本や論文も大多数にみられる傾向についての言及ばかりで（研究だから当然ですが）、「傾向から外れた男の子」については、ほとんど触れられていない点です。

〝塾〟のカリキュラムについていけない、〝みんな〟が10回書けば覚えられる漢字を50回書いても覚えられない――。いわゆる〝みんな〟から外れることでつらい思いをしている子どもたちをたくさん見ているからこそ、「大多数がそうだから、こうである」という結論には違和感を覚えることが多々ありました。

もちろん、「男の子はこういうもの」という型に当てはめる方が効果的な場合もあります。私も、教え子が国語に苦手意識を持ち、特に物語文の心情読解に拒否反応を持っている場合は、「男の子はみんな心情読解が苦手みたいだけど、男子校の入試は男の子だけでの勝負だから土俵はいっしょ！」というはげまし方をよくします。

国語は、実は最難関校でない限り他者理解までは不要で、本文中に必ず答えが書かれています。つまり、解法テクニックがあるかどうかが肝心なのですが、「男の子はみんな苦手」という言葉で、周囲に後れを取っているのではないと思わせることが目的です。

こんな言葉をご存じでしょうか。

「すべての人は天才である。それなのに、木登りができるかという点で魚を評価したら、魚は自分がバカだと思い込んで一生をすごすことになる」※

中学受験のみに当てはめても大きくうなずける言葉ですが、男の子が心身ともに大きく成長していく時期に、お子さん（魚）を木登り（男性としてのステレオタイプ）に照らし合わせて、叱ったり嘆いたり落ち込んだりしていないでしょうか。

「男の子なのに算数の点数が取れなくて……」という相談を聞くたびに、そう感じます。

男の子ならではの特性を理解して伸ばすことはとても大切です。でも、親御さんの先入観でわが子にしかない貴重な芽を潰さないよう細心の注意を払うことは、さらに大切です。

本書を書くにあたり、算数の指導を通して深くかかわってきたたくさんの男の子一人ひとりを思い出しながら、性差に関する研究成果や報告書と照らし合わせ、私なりに日本のいまどきの小学生男子がどのように中学受験とかかわっていけばいいかを考えました。

男の子と女の子では脳の構造が異なり、それゆえに欲求も興味も異なることは厳然たる事実ですが、それ以上に「ステレオタイプに当てはめようとすることによる弊害」や、

※アルベルト・アインシュタインの言葉だという説もあります。

「中学受験は個人差が非常に大きいこと」をみなさんに知っていただきたいと思いました。

男の子としての傾向は当然あります。しかし、この本の内容に当てはまらないことの方が多い男の子もいるかもしれません。実際は、女の子について書かれた本の方がしっくりくる子もいるでしょう。

でも、中学受験に挑むなかで見えてくるわが子の新しい顔を読み解くのに、男の子の特性という軸があれば、いろいろな部分で楽になるのではないか——。

そんなふうに本書を活用していただければ光栄です。

※本文中、青い文字の部分はエビデンスのあるものです。
※本書で使用している偏差値は、四谷大塚の出している2019年度入試の結果偏差値です。また、本文中の学校カテゴリーの目安は次のようになります。

［最難関校］筑波大学附属駒場、開成、麻布、武蔵、駒場東邦、栄光、聖光学院、灘、東大寺、ラ・サール

［難関校］早稲田系列、慶應系列、海城、巣鴨、攻玉社、広尾、大阪星光学院、洛星、須磨、東海、南山、愛光、海陽、久留米大学附設、函館ラ・サール

［中堅校］高輪、法政、中央大学附属、日本大学(日吉)、成城学園、明星、帝塚山、関西学院

［標準校］獨協、聖学院、日本大学豊山、大阪桐蔭

中学受験 男の子を伸ばす親の習慣──もくじ

1章 中学受験はこんなに複雑

2章 高学年男子の心の中

3章 男の子を伸ばす勉強法

4章

男の子の学校選び

5章 男の子の親のかかわり方

制作協力▼石渡真由美
カバーイラスト▼山内庸資
帯写真▼宗廣暁美（ムネヒロフォトグラフィー）
本文DTP▼伊延あづさ・佐藤純（アスラン編集スタジオ）

1章

中学受験はこんなに複雑

中学受験させたいのはたいていお母さん

3年生の秋ごろになると、お母さんたちの間で「中学受験をさせるか否か」が話題になります。ほとんどの子が地元の公立中学へ進学する地域では、中学受験をするのは「会社を継いでほしいから甲南へ」「愛光しか選択肢はない」「何がなんでも医学部進学に強い学校へ行かせたい」など、強い目的や志望校のあるご家庭だけです。

ところが、**首都圏では今や4人に1人が中学受験をする**と言われています。そのため「中学受験をさせるか否か」という会話は、「保育園はどうする?」「学童はどうする?」と同じくらい当たり前に交わされます。

もちろん受験は勝負ですから、手の内をすべて見せるようなことはしません。どこの塾に通うことになったかは伝えても、志望校までバカ正直に教える人はいないでしょう。というより、**3年生の時点で志望校が決まっているご家庭などほとんどない**ため、言いようがないのです。

志望校不在で始まる首都圏の中学受験。それができるのは私立中高一貫校の数が圧倒的に多く、偏差値の幅も広いからです。教育内容が多様で、選択肢がたくさんあるというのも大きいと思います。

そして、そこにもう一つ加わるのが、**塾やメディアからの〝あおり〟**です。

「大学入試改革で今後の大学受験は混乱する。だから、今のうちに大学附属校に入れておいたほうがいい」

「高校受験は内申点が重視されるから、先生に嫌われるタイプの子は中学受験をしたほうがいい」

「私立中高一貫校なら高2で大学受験に必要な内容をすべて学習し終えるのに、公立高校はセンター試験（今後は共通テスト）ギリギリまで授業が終わらないから、大学受験では大きく不利になる」

このようなことは、みなさんもさんざん聞かされていることでしょう。そして漠然と「中学受験をしなければいけない」と思い込んでしまうのです。

そういう情報は、まずお母さんがママ友から仕入れてきます。そして、「○○くんが中学受験をする」と知ったら、「ウチもやらせないと！」という展開になる。不思議なことに、**このパターンで中学受験を始めるのは多くが男の子のご家庭**なのです。

女の子の場合は、子どものほうから「○○ちゃんが塾に行くから、私も行きたい」「まわりの子がみんな受験をするから、私も受験したい」と言ってくることがあります。協調性を大事にする女の子は、自分だけ違うというのがイヤなのです。

でも、男の子はまわりなんてどうでもいい。だから、「○○くんが塾に行くからボクも」ということはあまりありません。多くはお母さんがママ友情報に触発され、「ウチも中学受験をさせる！」と親が決め、「勉強なんてイヤだ！」という男の子をなんとか説きふせて塾に入れます。

もちろん、なかにははじめから「母校の慶應に入れたい」「パパのように開成から東大を目指させたい」「男の子といえば灘でしょう」などの強い意志を持って、0歳児から中学受験の準備を始めるご家庭もあります。

でもそれはほんの一部で、多くは塾やメディアの影響を受けて中学受験を始めます。そこには、「男の子は一生働かなければいけない→ちゃんとした職業に就くには、ちゃんとした大学を出なければいけない→それには、私立中高一貫校に入れたほうがよさそうだ」というような考えが親世代に漠然とあるように感じます。

しかし、中学受験は親御さんが思っているほど甘いものではありません。こと男の子に関しては「ウチの子は幼いから、反抗期が始まる前に中学受験で進学のレールに乗せてしまいたい」と思われるお母さんが多いです。ところが、今は素直なかわいい息子さんでも、**中学受験の勉強が反抗期のスイッチを押してしまいます。**

そして、ほとんどの親子が「こんなはずじゃなかった……」という思いを抱え、親子バトルに直面することになります。一度この中学受験のレールに乗ってしまうと、そう簡単には降りられません。

「とりあえず塾へ」が一番危険

私は関西と関東でそれぞれ約10年ずつ、中学受験の指導に携わってきました。長年中学受験にかかわってきて感じるのは、**十数年前と比べて、今の中学受験はその動機やモチベーションが大きく変わってきている**ということです。

かつての中学受験は確固たる志望校があり、そこを目指すというものでした。わが子を合格させるために小さいうちから塾に通い、専業主婦のお母さんがガッツリサポートするという、ある意味とてもシンプルな構造だったのです。

ところが今は、「まわりがみんな受験するからウチもしておこうかしら?」「地元の公立はあまりよくないと聞くし……」などの、ぼんやりしたイメージのまま中学受験を始めるご家庭が少なくありません。受験できる学校の数も偏差値の幅も広く、選択肢が多い首都圏で特にその傾向が強くなります。

また、今のネット社会ではさまざまな子育て情報があふれています。「幼児期に英語をやっておいたほうがいい」「プログラミングはこれから必須になる」「サピックスの○○校舎に入れるなら、２年生から入塾しておかないと入れなくなる」「大学入試改革は先が読めないから、今のうちに大学附属校に入れておいたほうが安心」など、あげていくとキリがありません。

少子化でひとつの家庭が育てる子どもが一人または二人となると、一度しかない子育てで失敗したくないという思いが強まり、「あれもやらせなきゃ」「これもやらせておかないと」と、目先の情報に振り回されてしまう。その結果、家庭内のコンセンサスや動機、**志望校不在のまま、とりあえず中学受験を始めるご家庭がとても増えてきています**。

中学受験をするなら、その学習内容に精通した塾通いが一般的となります。中学入試では義務教育とは比べものにならないハイレベルな問題が出題されるため、その対策が必要になるからです。受験算数のように特殊な知識が必要なものもあり、**学習をご家庭だけで進めるのは非常に困難**なのが現状です。

そこでまず、たいていの人が名前を聞いたことのある大手塾を検討することになります。「開成合格273名！」といった文字を見ると、「この塾に入れれば、ウチの子も……」と夢が膨らみます。そういった大手塾として、全国模試では「日能研」、首都圏では「サピックス」「四谷大塚」「早稲田アカデミー」があります。関西では「浜学園」「希学園」「馬渕教室」「能開センター」などが知られています。

しかし、大手塾にもそれぞれカラーがあります。「ウチは中学受験一筋じゃないし、そこそこの学校に入れればいい」というご家庭が、家から近いという理由でサピックスや希学園に入れると、難関校向けのスピードと内容に泣くことになります。

もちろん、大手塾にしかない強みはたくさんあります。戦略的なカリキュラム、オリジナルテキスト、ひんぱんに実施されるテスト、切磋琢磨する仲間、確度の高い情報……今までは、それらに食らいついていけば何とかなってきました。

ところが、時代は常に変化しています。昭和のころとは異なり、令和の現在は共働き家庭が増え、母子家庭、父子家庭、二世帯家庭など家族のカタチもさまざまです。また、「何がなんでも難関校へ」というご家庭もあれば、「中学受験をするからには上を目指したい」「私立中には行かせたいけれど、小学生らしい生活は大事にしたい」など、ご家庭の価値観も多様化してきました。

となれば、中学受験に対する取り組み方も変わってくるのが当然です。ところが、これだけ家族のカタチも価値観も多様化しているにもかかわらず、**「中学受験をするならとりあえず大手進学塾へ」と、なぜかみんなと同じレールにひょいとのってしまう**。

そして、その先にどんな景色が広がり、どんなアクシデントが待ちかまえているのかなどと考えることなく、親子で乗った電車は進んでいくのです。

では、わが家はどうすればいいのか。それについて順を追ってお話ししていきます。

「合格がゴール」ではない

「なぜ中学受験をするのですか？」

私がカウンセリングをする際、必ずお聞きする質問です。10代をのびのびすごさせたい。よりよい環境で学ばせたい。難関中学に入れることで東大に一歩近づきたい――。

ご家庭によって、理由はさまざまです。

でも、それは私立中高一貫校でなければ実現できないのでしょうか？　公立中学ではダメなのでしょうか？

カウンセリングや指導をしていると、**行きたい学校に行けなかった場合、お子さんの人生がまるでおしまいのように考えていらっしゃるご家庭が一定数ある**ように感じます。

教育ジャーナリストのおおたとしまささんは、著書『いま、ここで輝く。』（エッセンシャル出版社）で、あるお子さんの姿を綴っています。

「小学生のころは、一度レールを外れたら人生が終わると思わされていました」と語るその子は、小学生のころから4つの塾をかけもちさせられ、神奈川県の最難関男子校のひとつである栄光学園に進学するも中2で留年。在学3年目に退学したそうです。

小学生が挑む中学受験は、その子にとって人生最初の大勝負かもしれません。しかし、そこで合格を勝ちとっても、思うような結果が出せなかったとしても、その子の人生は続いていきます。「人生100年時代」と言われている今、わずか11歳、12歳の勝負は、**マラソンでいえばスタート地点からほんの数キロ走った程度での出来事にすぎません**。

中学受験は人生のゴールではないのです。

だからこそ、第一志望校合格だけをゴールに掲げた中学受験は危険です。そもそも首都圏では、中学受験で第一志望に合格できる子は全体の約3割にすぎないと言われており、残りの多くの子は第二志望、第三志望、第四志望……の学校へ進学します。なかにはすべて不合格で、公立中学に進学する子もいます。

第一志望に合格できなければ中学受験の価値がないと親や本人が思い込んでしまったら、その時点でその子の人生は終わってしまいます。そんな悲しい中学受験であってはいけません。

中学受験をするのであれば、ぜひ本質的な目的も持つ必要があります。

夫婦で子育ての芯を確認する

私立中学に進学すると、本来は教育費のかからない義務教育の3年間、学費を払い続けることになります。そこまでしてわが子を私立中学に入れたいと思う親心には、「よい環境を与えたい」という理由のもっと奥に、「わが子に幸せになってほしい」という気持ちがあるはずです。

幸せを獲得するための方法として「東大に行きさえすればなんとかなる」「良縁に恵まれればなんとかなる」という親の価値観を否定はしません。就職に有利、金銭的に苦労しない、といった側面も実際にあるでしょう。

しかし、**「親の価値観」と「わが子が幸せを感じられるかどうか」はまったくの別問題**です。

以前、こんな悩みを聞きました。

「真面目に勉強していい大学に入りました。大学でも真面目に取り組んで、目指す企業に入ることができました。給料も悪くないし、すごくいい人たちばかりで人間関係にも不満はないのですが、幸せをまったく感じないんです……」

親はわが子の幸せを願うことはできても、幸せのレールをしくことはできません。人は、「自分なりの幸せ」を自分で決めることでしか幸せになれないのです。

親や世間、社会に思い込まされた幸せに乗ったとしても、いつかほころびが生じます。

自分のような苦労を味わわせたくない、あの学校に入っておけば自分にも別の人生があったに違いない……。そうした気持ちから、わが子には中学受験をさせたいと考える親心もわかりますが、**中学受験が幸せを確実に約束してくれるわけではありません**。

しかし、中学受験を「やってよかった」と思えるものにできれば、その経験は幸せを形づくる1ピースとして人生の糧になります。

「中学受験をしてよかった」と思っている家庭の多くに共通するのは、子育てにおけるブレない芯がある点です。

「自分の意思でものごとを選択できるようになってほしい」「チャレンジ精神を忘れずにトライしてほしい」などの芯があると、入試の合否以上に、中学受験を通じてどのように成長したかを見ることができるのです。

あらためて考えると、わが子について夫婦で真剣に話し合う機会はありそうで意外にないですよね。でも、みなさんも必ず一度は経験があります。

それは、名前をつけたときです。

思い出してみてください。みなさんはお子さんに名前をつけたとき、どんな思いでつけられましたか？　「太陽のように明るい子になってほしい」「誰からも愛される人になってほしい」という思いを込めた方もいるでしょう。また、「この画数のほうが幸せになる」と画数の組み合わせを一生懸命調べたこともあったのではないでしょうか。「どうしてもこの字を使いたい」と、漢字から逆算して名前に意味をつけられたかもしれません。

どのような経緯があるにせよ、**名前には希望と未来、そして親の愛情がたっぷり注ぎ込まれたことと思います**。

生まれたばかりのころとは異なり、今はわが子の特性もいろいろ見えてきました。その特性をどのように伸ばせばいいか、どのような力を育めばいいかということも、よりくっきり見えてきているはずです。

志望校合格は「目標」であり、「目的」ではありません。どんな結果になっても、目的に近づければこれまでのがんばりを肯定的にとらえることができます。途中で迷いが生じても、目的に戻って考えれば立て直すことができます。

過酷な中学受験では大切なことを見失いがちになります。夫婦間での芯がぐらついていると、必ずどこかでほころびが生じます。

子育ての芯をぜひ夫婦と親子で確認、共有し、中学受験を通して少しでもその芯を太くすることを目的にしてほしいと思います。

中学受験のスタンス　わが家はどのタイプ？

子育ての芯と中学受験の目的が明確になると、どうようなスタンスで中学受験に臨めばよいのかが見えてきます。ここがあいまいなまま中学受験を始めてしまうと、塾のシステムにのみ込まれ、気がつくと迷い道に紛れ込み、あらぬ方向へ進んでしまいます。それを避けるためにも、**まずは「ウチはこのスタンスで中学受験をする」と決めておくことが大切**です。

中学受験に臨むスタンスは、大きく次の3つに分類されます。

①アスリート型
②スタンダード型
③わが家型

「アスリート型」は**第一志望**（**ほとんどが最難関校や難関校**）**に合格するために一切の妥協を許さず、目標達成に向けてひたすらストイックにはげみます**。わが子4人を東大理Ⅲに入れた佐藤亮子さん（通称：佐藤ママ）の考え方、ノウハウはまさにここに該当します。

マラソンでいえば、オリンピック日本代表選手の出場権の獲得をめぐって戦うイメージです。そういった選手が過酷な練習に耐え、衣食住もすべて徹底管理されているように、アスリート型は勉強も生活も中学受験第一です。

この生活に耐えられる小学生はごくごく少数。大人でも実行するのが難しい生活です。

ボリュームゾーンとなるのが「スタンダード型」です。

将来のことを考えたら、やはり勉強はしっかりさせたい。**中学受験をするからには上を目指したいけど、子どもが潰れたり、家族関係がボロボロになってしまうまではやりたく**

3つの型

アスリート型	結果にこだわる。中学受験ファースト
スタンダード型	子どもを潰してまではやりたくない
わが家型	中学受験ファーストではない

ない――。このように考える家庭がここに該当します。

それなりに志望校はあっても、アスリート型のように「なにがなんでも○○中合格！」というほどではなく、中学受験の勉強をスタートした時点では、まだ志望校が決まっていないこともあります。

中学受験の勉強を進めていくなかで、どんどん上を目指していけるご家庭もあれば、成績が伸び悩み、失速してしまうご家庭もあります。中学受験におけるスタンスがもっとも揺れ動きやすいので、ビジョンや目的を明確に決めておくことが大事です。

マラソンでいえば、アスリートまでは目指していないけど、挑戦するからには自己ベストを更新していきたいというイメージです。きちんとフォームを身につければ（勉強のやり方が身につけば）、伸びていく可能性は十分にありますが、自己流で突っ走ったり、ペース配分を考えずに走ったりすると、途中で息が切れてしまう危険性があります。

「わが家型」は**中学受験ファーストではないご家庭**で、近年この層が少しずつ増えているように感じます。野球やピアノ、将棋など、勉強より熱心に力を注いでいるものがあったり、サマースクールやキャンプを軸に一年の計画を立てたりするなど、ご家庭によって何を大事にするかは異なります。

共通点は中学受験で無理はしないということ。そのため、受験する学校の偏差値にあまりこだわりません。また、場合によっては中学受験を途中でやめるという選択肢も最初から持っています。

マラソンでいえば、健康目的で走ったり、「フルマラソンは無理だけど、ハーフくらいなら走れるようになりたい」と考えたりするようなイメージです。自分のペースを大切にします。

タイプがわかればやるべきことが見えてくる

このように、ご家庭がどの型に分類されるのかを知っておくと、この先の受験勉強が進めやすくなります。実は、合格実績を誇る大手塾の求める生活は、ほぼすべてアスリート型です。

合格実績で大切なのは、単なる合格者数ではなく「最難関校に何人合格させたか」。つまり、**最難関校に合格するには、やはりアスリート型の取り組みでないと厳しい**というのも事実なのです。

アスリート型は目標が明確なので、幼いときからその下準備をしてきているご家庭が多く、当然はじめから覚悟も決まっています。アスリート型なら塾で出された宿題は歯を食いしばってでも食らいついていかなければなりません。

その一方、スタンダード型やわが家型のご家庭にとって、アスリート型の勉強についていくことは非常に辛いものです。出された宿題に優先順位をつけて、できない宿題は割愛する、塾の先生に相談する、といった方法をとりながら、折り合いをつけていくことになります。

わが家型なら、「今月は試合がたくさん入っているから、勉強より体力づくりや睡眠を大切にして、そのぶん夏休みのまとまった時間で取り返そう」と柔軟に考えることになります。こうやって、それぞれの家庭で中学受験に向き合う濃度を決めておけば、おのずとやるべきこと、やらなくていいことが見えてくるはずです。

ただし、**どのようなスタンスであれ家族のサポートは必要**です。中学受験の勉強は、塾に通っているだけでは完結しません。むしろ、日々の学習管理や理解度の確認、精神的なサポートの方が重要であり、これらは家庭の責任となります。

かつてはそのすべてをお母さんが担うことがほとんどでしたが、共働き家庭も増え、お母さん一人に任せられない状況になっています。

お父さんができること、お母さんができること、またはおじいちゃんやおばあちゃんに任せられることなど、誰が何をやるかをきちんと決めておくとスムーズに進めていくことができます。家庭だけではどうしても回らない、力が足りないという場合は、第三者の力を借りることも有効です。そうやってチームをつくって取り組めば、お母さん一人が悩んだり、右往左往したりすることもなくなります。

アスリート型は大手塾の上位クラスへ

最難関・難関校を目指す「アスリート型」の場合は、大手進学塾に通わせるのが正攻法です。一般的に、中学受験の勉強が始まるのは新4年生のカリキュラムがスタートする3年生の2月。そこから入試本番までの3年間、各塾では4、5、6年生の学年ごとに、中学受験に必要なカリキュラムを用意しています。

毎回の授業では学習する単元が設定され、その理解度をはかる「復習テスト」、ある程度の単元をまとめて現在の学力をはかる「月例テスト」や範囲のない「公開テスト」、志望校の合格可能性がどのくらいあるのかを判断する「合否判定模試」など、インプットとアウトプットがベストなタイミングで設けられています。

通常の授業の他にも長期休みを利用した特別講習、6年生を対象とした志望校別特訓などがあり、いつ何を勉強するかがしっかりスケジューリングされています。それに沿って学習をしていけば、もれなく、確実に勉強を進めていけるわけです。また、多くの学校の入試問題の傾向と対策についてのノウハウを蓄積しているのも大きな強みです。

大手進学塾に通うメリットは他にもあります。勝負ごとである受験に勝つには、集団の中で戦える強い精神力や実戦力が必要になります。中学受験をやり通すには、遊びたい盛りの子どもにある程度のガマンをさせ、勉強を進めていかなければなりません。

それには、**同じ目標を持つ仲間と一緒に勉強をさせるほうが、切磋琢磨できる**という点でも効果は高くなります。

大手進学塾は成績順にクラス分けされており、そのうちのいくつかの塾では、成績によってクラス内の席順まで決められています。塾にとっても、同じ学力層を集めて一斉に授業を行うほうが効率がいいため、学力別のクラス分けは必然です。

前述しましたが、多くの塾にとってもっとも大切なのは、「最難関校に何人合格させたか」という実績です。それこそが次年度の生徒確保に大きな影響を与え、収益の増減に大きくかかわります。

教育機関とはいえ塾も企業ですから、塾にとってもっとも好ましいお客さんは、最難関校に入る可能性のある実力を持った子どもたちです。そのため、**上位クラスではベテランの先生がつき、最難関校合格に必要な解法テクニックを伝授することになります**。

首都圏ではサピックス、関西では希学園や浜学園が最難関校に強い塾として知られていますが、これらの塾に通えば最難関校の合格が保証されるわけではなく、当然上位クラスに入れなければ最難関校の指導に精通した先生の授業を受けることはできません。

アスリート型こそもっとも上位クラスにこだわる必要があるのです。

スタンダード型はまわりに流されない意志が必要

「やってもやってもクラスが上がらない」「あの子にできることが、どうしてウチの子にはできないんだろう」「ウチの子は中学受験に向いていないんじゃないか……」

このように、**気持ちがもっとも揺れやすいのがスタンダード型のご家庭**です。学力は上がるにこしたことはない、やるからには上を目指したいという気持ちから、どうしても上のクラスにいる知り合いとわが子を比較したり、偏差値にため息をついたり……。

そして、合格させた経験者の本やブログから、何かマネできることはないかと探し、試し、うまくいかずイライラと不安がつのります。

しかし、足の届かない自転車に乗ってもうまくこげないように、アスリート型の塾の進め方についていこうと思っても、家庭が消耗するばかりです。

最難関校に強い大手進学塾の学習環境がわが子にとって完全に容量オーバーである場合、子どもの学力は上がるどころか下がる一方です。学力は、手の内に入る課題にきちんと取り組み、着実に積み上げていくことでしか上がっていきません。

さらに、**大手進学塾には成績カーストが存在し、それは単なるクラス分けにとどまりません**。あるターミナル駅の、とある進学塾のマンモス校舎では、塾が終わってから子どもたちをクラス単位で帰宅させていきます。1学年20クラスもあるマンモス校舎では、全生徒を送り出すまでに時間がかかります。

その際、最初に帰れるのは上位クラスの子どもたちです。

かつて最上位クラスに在籍していた生徒の親御さんは、「クラスが落ちるごとにどんどん非常階段から遠ざかっていくので、なにかあったらウチの子が死ぬんじゃないかと思った」と振り返られていました。もちろん、すべての塾や校舎がそうだというわけではなく、帰る順番も教室配置も、単純に上のクラスから割り当てているのかもしれませんが、その逆は聞いたことがありません。

こうした環境にいることによって、子どもも親も「やってもやってもクラスが上がらない」と自己肯定感がどんどん下がっていきます。「勉強に向いていないんじゃないか」「自分はバカなんじゃないか」と思ってしまうことほど、辛いことはありません。

さらに**怖いのは、その自己肯定感の低い状況に子どもが慣れてしまうこと**です。これは、絶対にあってはならないことです。

最難関校専門の大手進学塾でなくても、中堅校に強い塾、先生の目が行き届く地元の手厚い小規模塾もあります。さらには、家庭で動画を活用する、大学生の家庭教師と楽しく勉強して学習習慣をつけるなど、わが子を潰さない方法はいろいろあります。

ぜひ、子育ての芯、中学受験の目的に常に立ち返り、まわりに流されるだけの中学受験にならないようにしてください。

わが家型は自由にカスタマイズ

スポーツや楽器など何か熱中しているものを続けながら、中学受験もさせたいというわが家型は、授業日や時間がガチガチに固定されている大手進学塾との両立はかなり難しくなります。個人の融通をきかせてくれる個人塾や、家庭のスケジュールに合わせて予定が入れられる個別指導塾、家庭教師を利用すると無理なく両立できます。

私の教え子にも、野球を一生懸命やりながら、算数は私が、国語と理科は個別指導塾が指導して中学受験に臨んだ子がいました。

大きな試合や大会、コンクールなどが終わり、秋、あるいは11月ごろから本腰を入れて勉強する態勢が整うと、今まで練習に取られていた時間がすべて勉強に使えるため、「さぁ！　やるぞ！」と燃えます。しかし、その気持ちとは裏腹に、すぐに机に向かわなかったり、机に向かってもボーッとしていたり……。

「野球をしていたときの方がよほど集中していたじゃない！」となるわけですが、これはある程度仕方がありません。

子どもは、新しい生活のペースに慣れるのに時間がかかります。今までは週のうちほとんどが野球の練習だったので、すき間時間で集中して勉強せざるを得ないという状況でした。しかし、**時間に余裕があると逆にとりかかるスイッチが入らない**のです。

　また、長時間机に向かう習慣がついていないので、学習体力が追いつきません。そうした状況が2週間くらい続いて、「そんなんなら受験なんてやめなさい！」と親の堪忍袋の緒が切れると、本人もようやくスイッチが入る……。このようなケースが多いようです。

　とはいえ、熱心に打ち込んできたものがあっただけに、一度受験生モードになると集中力が違います。3年間かけてイヤイヤ、だらだら勉強してきた子たちをあっさり追い抜いてしまうのもこのタイプです。


　ただし、アスリート型やスタンダード型に比べると実戦力不足は否めません。**いくら習いごとで大きな試合や大会を経験していようと、緊張する場面を乗り越えていようと、入試は別もの**です。

　家で問題が解けても、模試や入試といった外の環境で点数化できるとは限りません。未習分野がたくさんあるとしても、6年生になったら模試を必ず定期的に受けておくようにしましょう。

習いごとのやらせすぎに注意

　子どもの表情が暗い、最近「疲れた」が口ぐせになっている、「ママ、今日は何のスクールだっけ？」と完全に受け身になっている——。このようなときは要注意です。

「バイオリンもピアノも新体操も手を抜かず、最難関校に合格した子を知っている」という方もいるかもしれません。実際、七大陸最高峰、北極点、南極点到達の「探検家グランドスラム」を早稲田大学在学中の20歳（世界最年少）で達成した南谷真鈴さんは、幼少期からピアノ、バイオリン、乗馬、サーフィン、ドラム、油絵、水彩画などなど、多種多様な習いごとをしてきました。

　しかし、小学生のころから（まして大人になっても）そのような能力を発揮できる子は、当然ごくごくひと握り。それ以外のほとんどの子は、親の期待に応えようと懸命に習いごとのかけもちをがんばっているのです。

　親の期待が大きければ大きいほど「やめたい」と言い出せなくなってしまう。その結果、本当に自分の好きなもの、興味のあることや楽しいと思うことがわからなくなってしまう――。これこそが大きな問題です。

本当に好きな習いごとならば、それに打ち込んでいるはずです。あらゆる習いごとをパラレルにこなせているということは、それほど思い入れがある習いごとではないとも言えます。それでは、お金と時間をかけて取り組んでも、あまり意味はありません。

子どもには、時間を忘れて没頭する対象が必要です。そのときの「夢中体験」こそが経験や知識となり、試行錯誤する力を伸ばし、自主性を育みます。

そこまで夢中になれる習いごとがあれば幸せですし、習いごとを詰め込まれすぎて、本当に夢中になれるものに割く時間がないとすれば本末転倒です。

小学生には、この経験や知識が考える土台となります。それが欠けてしまうと、さまざまな分野で深く理解したり、集中してものを考えたりすることが困難になり、伸び悩んでしまうのです。

中学受験においても、自主性のない子は過去問に取り組む際、積極的に点数を取りに行こうとする姿勢が見られません。常に受け身なのです。

ところで、「中学受験をするなら、習いごとは全部やめさせたほうがいいでしょうか?」という質問を受けることがありますが、これは親が決めることではありません。決めるのは子どもです。

学年が上がり、受験勉強を始めるときに「どの習いごともやめたくない」と子どもが言ったら、本人に優先順位をつけさせましょう。中学受験ありきなら、あきらめざるを得ない習いごとも当然出てきます。

親の顔色を見て「習いごとはぜんぶ続けたい」という子もいるでしょう。しかし、複数の習いごとと受験勉強は両立できません。宿題まで手が回らず、テストの点数が取れなくて辛い思いをするのは子ども自身です。

そうなれば、勉強時間を捻出するために本人が習いごとを整理する必要性を感じるでしょうが、その場合は習いごとを「やめる」のではなく、「受験が終わるまでお休みする」と考えると気が楽になります。

そして受験が終わると、本人の中で「本当にやりたいもの」だけがくっきりと残っています。

中学受験に必要な要素とは？

学力さえつけば入試を突破できると考えている親御さんは多いですが、実はそうではありません。私はいつも、**中学受験は学力とメンタルが五分五分**だとわかりやすくしてお話ししていますが、本当はもっと複雑です。以下に、入試の結果に直結する代表的な要素を挙げていきます。

・学力

中学受験は、入試当日の学力試験の結果で合否が決まります。そのため、塾は小学校生活の半分にあたる3年間をかけて受験勉強を進めていきます。学力なくして志望校には合格できません。

中学受験の勉強が大変な理由のひとつは、求められる勉強の内容と量が小学生で習うものとは大きくかけ離れていることです。

小学校のテストでやすやすと満点を取るような子たちが解くのに苦労し、東大出身の親御さんでも解けないような問題はたくさんあります。ためしに国語の入試問題を見てみてください。大学入試と同レベルの問題を、大学入試より短い時間で解かせるような学校もあります。

・体力

必要な睡眠時間が子どもによって異なるように、体力も個人差が大きく、勉強の生産性に直結します。よく寝てたくさん食べ、適度に体を動かすことはとても大切です。模試や本番でも、体調がすぐれなければやはり力を発揮することは難しくなります。

・成熟度

中学受験に特化した勉強が必要であることは当然として、一番難しいのは挑戦するのが小学生の子どもだということです。身長と同じで、子どもの成長や成熟度のスピードには個人差があります。大人と同じような会話ができる子もいれば、「あー、この子はまだまだ幼いんだな」という子もいます。

中学受験で圧倒的に有利なのは成熟度の高い子です。成熟度が高い子というのは、「勉強しなさい」と声をかければ勉強ができます。勉強が好きでなくても、「やらなきゃいけない」と頭で理解し、それを行動に移し、自分を律して勉強することができるのです。

男の子は女の子より、脳や体の成長、思春期の訪れが1、2年遅くなります。そのため、持っている学力は別として、中学受験における勉強は男の子のほうが進めにくいことは否めません。

つまり、成熟度がごく普通の男の子（小学生らしい小学生）であれば、自分から進んで勉強をするわけがないのです（もちろん、個人差はあります）。

親が一度声をかけるくらいで勉強することはまずなく、はじめはわが子を尊重して（譲歩して）お母さんは優しく声をかけてあげるものの、次第にキツくなり、最後には「いい加減にさっさと勉強しなさい！」と爆発して、男の子はやっと「あー、うるさ」としぶしぶ勉強に向かう。これが一般的です。

ほぼ入試直前までこの状態が続くと思っておく方が、親の血圧も上がらずにすみます。

・**努力**

男の子は、自分の興味があるものには没頭できますが、興味のないことにコツコツ取り組むことができません。算数の問題を解くのは好き、理科のテコや滑車も好き、社会の歴史も好き。だけど理科の植物や星、社会の公民にはまったく興味がない――。

まして入試にハナから興味がなければ、受験勉強に自ら取り組むわけがありません。男の子が中学受験の勉強にそつなく取り組めるのは、大人顔負けの成熟度がある場合のみです。

女の子は自分を気にかけてくれる親や先生のためにがんばれますが、男の子は親や先生のためにがんばろうとは思いません。だから宿題を出さなくても、字が雑でも平気です。

ただし、先生に大声でガツンと言われると急にしおらしくなり（女の子は別）、その場では興味がなくても取り組むことができます。

・**モチベーション**

男の子は「暁星中に入ってサッカーをしたい！」というような**具体的な目標がなければがんばれません**。ここが女の子と大きく違う所です。

教え子のシンヤくんは、漠然と「中学に入ったらサッカー部に入りたい」と言っていましたが、それだけでは全然モチベーションになりませんでした。具体的にいくつかのサッカー部の練習日数、時間、試合での順位などを詳細に調べ、「芝にする！」と決めたのが11月。そこからは一切ブレることなく突き進むことができました。

学校名だけでがんばれる子もいますが、入学後の具体的なイメージを一週間のスケジュールにまで落とし込んで初めて中学受験が〝自分ごと〟になる子もいます。

ぜひ、具体的なモチベーションを持たせてあげてください。

・心の安定

大人であれば、3年間という期間がどのくらいなのかをイメージできますが、人生経験が浅い小学生の子どもにはそれができません。**3年先の遠い未来のためにがんばるという目的意識はまだ持てない**のです。そこで必要となるのが、親御さんの日々のはげましと笑顔です。

どんなに成熟度が高くても、常に高いモチベーションを維持したまま3年間の受験勉強をやり通せる子などいません。成績のアップダウンでやる気は変わってくるし、勉強以外のことに気持ちが引っ張られてしまうこともあります。

小学生の子どもに必要なのは〝心の安定〟です。子どもがもっとも安心してすごせるはずの家庭がグラついていたり、親子関係がうまくいかなかったりすると、中学受験はけっしてうまくいきません（詳しくは5章で説明します）。

・発揮度

献身的な親御さんのサポートを受けながら、本人もがんばった。学力もついた。しかし、いざ勝負！　という入試本番で実力が発揮できない子がいます。当日、極度に緊張してしまい、頭の中が真っ白になってしまう子もいれば、試験中は特に緊張もせず、「できた！」という手応えを感じていたにもかかわらず、不合格だったという子もいます。

しかし、こういう事態は中学受験ではけっして珍しくありません。

入試当日の精神状態はいつもと違います。大人だって、仕事のプレゼンなど、ここ一番というときは緊張するものです。まして、人生経験が少ない子どもは、そういう場数をほとんど踏んでいません。

逆に大舞台ほど120%の力を発揮できる子もいます。本番で力を最大限に出せる発揮度の高さも、中学受験の合否に大きな影響を与えます。

このように、中学受験ではいろいろな要素が求められます。学力が高くても、成熟度が低いと3年間努力をし続けるのは難しいし、いくらモチベーションが高くても、学力が追いつかなければ合格はできません。また、模試や過去問ではいい成績をとっていても、本番のメンタルや発揮度が振るわなければ結果にはつながりません。

いろいろな要素が複雑に絡み合っているのが、小学生が挑む中学受験なのです。

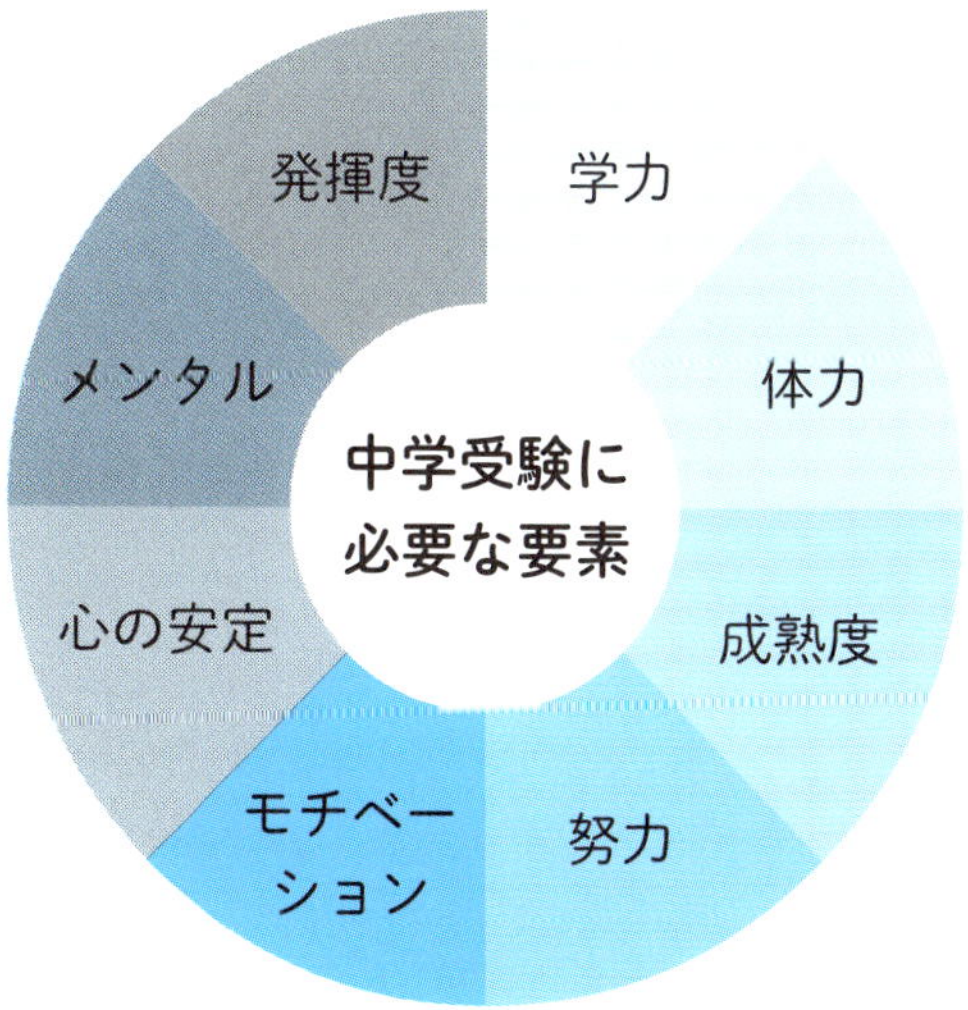

1章のまとめ

- **子育ての芯を確認する**

自分から「塾に行きたい」と言い出しても、まずは夫婦で話し合い、中学受験はあくまで手段と考える。

- **親の価値観とわが子の幸せは別物**

親が良かれと思っても、子どもが幸せになれなければ意味がない。

- **わが家のスタンスを決める**

「アスリート型」「スタンダード型」「わが家型」のそれぞれで取り組み方は異なる。どの型でいくのかを家族で決めることが大切。

- **自主性、主体性の芽を摘まない**

塾や習いごとを詰め込むより、本人が夢中になれる時間を確保する。それが勉強姿勢、得点力にもつながってくる。

- **成長度合いは子どもによって異なる**

脳や体の成長には個人差がある。成熟度の高い子は中学受験に有利。

- **男の子は興味のあることしか努力できない**

宿題や勉強をサボッても平気なのはみんな同じ。入試自体にも興味を持てなければ、ヤル気も出ない。

- **中学受験は一筋縄ではいかない**

学力だけでなく、成熟度、モチベーションなどさまざまな要素が複雑に絡み合っており、最後まで何があるかわからない。

2章

高学年男子の心の中

小学校男子は女子に比べてこんなに幼い

小学生の子どもにとって、学校はとても重要な場所です。というのも、家や塾とは異なり、クラスメイトや先生と遊んだり、ケンカをしたりしながら、ハッピーな気持ちになったり、イヤな思いをしたりと、人とのかかわり方を学ぶ場だからです。

女の子より脳や体の成長が1、2年遅い男の子は、共感性より攻撃性の方が強く、エネルギーもありあまっているので、高学年になっても戦いごっこやじゃれあいが大好き。そんな行動が女の子たちをイライラさせているとは露ほども思っていません。

アヤちゃんは5年生の1学期のころ、なんだかひどく疲れた様子が続いていました。もしかして学校でいじめられているのかな？　先生とうまくいっていないのかな？　と心配になって聞いてみると、「隣の男子がウザくて仕方がない！」と泣きそうな顔で訴えてきます。

話を聞くと、自分の消しゴムをアヤちゃんの机の上に置いておきながら、「おい、お前、オレの消しゴムとるなよ〜！」と言ってきたり、わけもなくひたすら「ウンコ、ウンコ」と言ってきたり、いちいちウザい！

「でも、昔からそんな男の子はいたよ。男子はさぁー、幼いから仕方がないよ。相手にしない、しない」と言っても、アヤちゃんは笑って流せません。

「きょうこ先生。私、絶対に女子校に行く！」と真剣なアヤちゃん。その強い気持ちを維持して、アヤちゃんは中学受験を乗り切りました。


幼い男子がうっとうしい。私が小学生のときにもそんな男の子はいたし、女子はそれを煙たがっていたものです。でも、そんな子も中学生になるとちょっとカッコつけるようになったり、口数が減ったりして〝思春期の男子〟になります（それでも幼いですが）。

小学生のうちは総じてそんなものです。昔ならそれでもよかったのですが、今はこんな幼い男の子が中学受験をするとなると話は別です。

アヤちゃんに聞くと、その「ウンコ」を連発する子も中学受験をするそうです。

「おいおい、こんな精神年齢の低い子が国語の物語文で心情を読みとれるの？」と突っ込まずにはいられません。だって、目の前のアヤちゃんがこんなにイヤな思いをしていることにすら気づかないのですから、**主人公の心の機微を理解するのがどれほど困難なことか。**

もちろん、中学受験は国語の成績だけで決まるわけではないので、それ以外の教科が抜群にできるなら合格もできるでしょう。ただ、同じ年月を生きている子どもでも、男の子と女の子ではこれほどまでに成熟度の差があるのです。

「男子がウザいから女子校に行く」という女の子がいる一方、「女子が怖いから男子校がいい」という男の子もいます。共学校を避ける理由が正反対なのが興味深いところです。

「カッコいい」「足が速い」ではモテない時代

ひと昔前は、女の子の家庭教師につくと、授業の始まりや合間のおしゃべりタイムで、「今、誰か好きな子いるの?」「うん、実はね……」と恋バナ（といっても、小学生なので片思いがほとんど）で盛り上がったものです。

ところが最近は、そういう話題を持ちかけてみても、「別にいない」と乗ってこない子が多く、恋バナ好きな私としてはさびしい限りです。

私は中学受験という選択肢のない地方で育ったので、放課後は友だちと遊ぶ時間でした。いつも性別に関係なくみんなで遊んでおり、男子が自分たちより幼く見えると考えたことすらありませんでした。そして、女子だけで固まると決まって恋バナでした。

今の子も受験勉強で忙しいとはいえ、男子にまったく興味がないわけではないだろうと思い、ちょっと質問を変えて、「じゃあ、クラスではどういう子がモテるの？」と聞いてみました。

すると、返って来た言葉は…、「サピのアルワンの子」

「サピ」というのは、首都圏の最難関中学合格実績ナンバー1の中学受験塾SAPIX（サピックス）の略。「アルワン」というのは「α1（アルファワン）」の略です。たとえば、首都圏最大規模の自由が丘校では1学年だけでも25クラス前後あり、「α1」というのは、その頂点に位置するもっとも成績優秀な子が集まるクラス。つまり、そこにいるというだけで飛び抜けて頭がいい男の子だと子どもたちは認識しているのです。

私が小学生だったころ、クラスでモテる男の子といえば足が速い子や面白いことを話すひょうきんな子でした。ところが今は、足なんて速くなくていい、面白いことなんて話せなくていい。「頭のいい子がかっこいい」のです。

では、なぜその男の子が「サピのα1」だとクラスで認知されているのかといえば、子どもたちの間で日常的に塾のことが話題になるからです。

都心の教育熱心なエリアでは、今やクラスの9割以上が中学受験をする学校もあります。首都圏の人気中学受験塾といえば、「サピックス」「日能研」「四谷大塚」「早稲田アカデミー」の四大塾があがりますが、子どもたちの間では、誰がどこの塾に通っていて、どのあたりのクラスにいるか、お互いに知っています。その塾にもヒエラルキーがあり、**「サピックスに通う子は勉強のできる子」というイメージができあがっています。**

組分けテストによるクラス昇降を経て新クラスがスタートすると、教え子たちは「○○ちゃんがDクラスに上がった」「○○くんはクラスが落ちた」などと、事細かに報告してきます。よくそこまで人の状況を把握しているなと感じるくらいです。

実際は、サピックスのマンモス校舎は1学年で20クラス以上もあるため、下のほうのクラスでは中学受験の土台となる基礎学力すらないという子もいます。

でも、塾のイメージにひかれてサピックスに入れたがる親はとても多く、その価値観が子どもたちにも浸透しています。それが、中学受験をつらいものにしている要因の一つでもあります。

男の子の不満は些細なことがほとんど

小学生でも高学年になると、女の子の悩みは複雑です。クラスの中にいくつかのグループができて、そのなかでもボスキャラ（グループで一番の仕切り屋的な存在）がいて、その子に気を使ったり、イヤなことを言われて言い返せなかったり。そのストレスがたまって別の子を攻撃したり、親にイライラをぶつけたり……。

そんな心の状態などおかまいなしに中学受験の勉強は進んでいく。それが、この歳の女の子にとってどれほどしんどいのか、親御さんにはなかなか理解できないと思います。

もちろん、男の子にだって学校でイヤだと思うことはあります。でも、話を聞くと「前に先生はこう言っていたのに、今日は女子の味方をしてムカついた！」とか、「○○がスタートでフライングしたのに、やり直ししないでズルい」などの単純なことで腹をたてているだけで、女の子のように心理戦にまでは入りません。

そういうときは、「それって、めちゃ腹立つね～！」と**おおげさに相手に合わせてあげれば、とりあえずOK**。そこにはげましの言葉もなぐさめの言葉もいりません。するとたいていの男の子はスッキリして、数時間後には忘れています。

そう、男の子って吐き出しさえすれば基本的に根に持たず、スッパリ忘れてくれるんです。かわいいですよね。

小6男子にとっての中学受験とは

6年生の5月、教え子のツバサくんがニコニコしながらこう言いました。

「6年生の間にかなえたい3つの目標のうち、昨日2つもかなっちゃったんだよね～」

「なになに？　教えて！」

「昨日の運動会で、まずオレの紅組が総合優勝したことね。あと、徒競走で毎年一緒に走るヤツがいて、そいつに去年は負けたけど、今年は勝ったこと。オレ、1位だったんだぜ！　これで、目標がいっぺんに2個かなっちゃった」と超ゴキゲン。

単純でかわいいな～と思いつつ、「よかったね～！」と一緒に喜んであげました。

「で、あと一つは何なの？」と聞いたら、「えっ⁉　先生、わかんないの？　ちょっと、ちょっと、それはないでしょう？　先生なのに～」とツバサくん。

「……？？？　学芸会で主役をやりたいとか？」

「そんなのめんどい。先生、わかんないの？」

「……もしかして……入試で合格とか？」

「そう！　だからあと一つかなえば、目標3つかなうことになる！」

これには私も、「運動会の総合優勝やかけっこと、中学受験が同列なの～⁉」とあごが外れそうになりました。

でも、小学生の男の子なんてそんなもの。そのくらい幼いのです。

興味のないものは完全スルー

子どもにはいろいろな経験をさせてあげたい。親なら誰でもそう思うでしょう。最近の入試でも思考力や表現力が重視されつつあり、どれだけ自分の経験を元に考え、伝えられるかが大事になっています。そう聞くと、教育熱心な親御さんは、あれもこれもとやらせようとしますが、**やらせすぎは「百害あって一利なし」**です。

教え子のカイトくんは大の本好きで、ジャンルを問わずいろいろな本を読んでいます。それだけでも彼の世界は広がっているはずです。

しかし、お母さんは「体験こそが大事」と、カイトくんが小さいころから、たくさんの習いごとをさせたり、いろいろな場所に連れて行ったりしていました。5年生の春にはマレーシアでネイチャー体験をさせ、夏にはアメリカのグランドキャニオンに連れて行きました。ネイチャー体験では他の国の子と遊んだり、木で槍をつくったりして、「いろいろな経験ができてよかったわよね！」とお母さんはうれしそうに話します。

あとからカイトくんに「旅行はどうだった?」と聞いてみると、「別に」とそっけない返事。「グランドキャニオンを見たときは、一応、わぁ〜!　と思ったけど、途中の移動はずっと本を読んでた。だって、そのほうが楽しいんだもん」

こうした反応のカイトくんに対して、「えー!　なに言っているのよ、すごく楽しかったじゃない!」と盛り上げようとするお母さん。

これだけの経験をさせたのだから、全部よかったことにしたい。カイトくんのお母さんにはそんな心が見え隠れしているように感じました。

しかし、1章でも述べたように、男の子は自分が興味のないことにはほとんど関心を向けません。世界遺産より本、なのです。

学級崩壊の原因になるのは男の子が多い

近年、多くの小学校で学校崩壊が問題になっています。私の教え子たちが通う小学校でもあちこち起きているので、やはり増えているのだなと実感しています。私が小学生だった時代は先生が厳しく、授業中にふらふら立ち歩くなど考えられませんでしたが、今はべテラン先生のクラスでも学級崩壊してしまうのだそうです。

その原因を学校や教師に向ける親は少なくありませんが、私はそれだけではないと思っています。毎年指導現場に入っているからこそ感じるのですが、むしろ**親や子どもの質が変わってきていることが大きい**ようです。

ある小学校の先生がこんなことを言っていました。今はひとりっ子が多く、親は過保護に育てがちです。昔はきょうだいが多く、お母さんを呼んでも、下の子が泣いていたら相手にされません。そして、子どももそれが当たり前だと受け入れていたのです。

ところが今の時代のひとりっ子たちは、**幼いときから親の愛情を過剰に受けているためか、学校でも先生を独占したがります**。授業中に何度も「先生、先生！」と呼んで、自分に関心を引き寄せようとするのです。

それが授業に関係することならいいのですが、まったく関係のないことで先生を呼び、授業を中断させる。授業が中断するから、まわりの子は退屈になっておしゃべりを始めたり、歩き出したりする。１年生のはじめであればそういうこともありますが、それが高学年になっても続いてしまうのです。

私が大手進学塾で講師をしていたときも、そういう子たちはいました。授業中、わけもなく「先生、先生！」と呼んで、自分に注意を向かせようとするのです。一見、積極的な子のようですが、授業の内容とまったく関係ないことでそれをやられると、授業が成立しなくなってしまいます。そして、そういうことをするのはきまって男の子でした。

こういう〝かまってちゃん〟は、まだこちらもコントロールしやすいのですが、難しいのは、親の愛情不足が原因で授業を妨害する子です。

小学校の学級崩壊は、中学受験組によるストレスで起こることがあります。都心では共働きが多く、親が不在がちというご家庭があります。そういう家は、両親ともに高学歴で教育に熱心なことが多く、中学受験をさせるのは当然と考えていますが、なにせ自分は仕事が忙しく、子どもの受験のサポートどころか子育て自体にあまり目をかける余裕がありません。

中学受験をする小学生には自己肯定感やご家庭の愛情が必須ですが、そうしたご家庭で育む部分まで塾や家庭教師に丸投げするご家庭が増えてきています。授業時間以外の勉強は本人がするか、一人で難しければある程度はご家庭でサポートする必要があります。

勉強ですらそうなのに、コミュニケーションや愛情まで丸投げされても、それは無理……というより、私たちがどれほどがんばっても、親にしかできないことがあります。

多くの家庭では、中学受験の勉強が始まると親は子どもに成績の話しかしなくなります。親子の会話も勉強を中心としたものになりがちです。

といっても、「早く勉強しなさい！」「いつまでゲームしてるの！」「もっとていねいな字で書きなさい！」といったバトル会話がほとんどですが…。

そして、そうした受験勉強のストレスや親不在のさびしさを学校でぶつけるのはやはり男の子です（一方の女の子は、不満を自分の内に澱のようにためていきます）。

男の子にとって親、特にお母さんの愛情はとても大事です。高学年で図体が大きくなったとはいえ、男の子たちを見ていると、**中学に入って親離れするために、最後の愛情貯金をしている**のだなと感じます。

もちろん、女の子もお母さんの愛情は求めています。でも、女の子は自分が望んでいないことにじっと耐えたり、やりすごしたりできてしまいます。

男の子は、なんらかのアクションを起こしてSOSを出します。小学校や塾で何か問題を起こしているようなら、まずは親が子どもとしっかり向き合うことです。もちろん、これは中学受験をする・しないに限ったことではありませんが、この部分がぐらついていては、中学受験の荒波を泳ぎ切るのは非情に難しくなります。

男の子はほめ言葉を素直に取り込む

中学受験を始めると、子どもをほめるポイントが成績のよし悪しだけになってしまいがちです。テストの点数がよかったときはいいけど、そうでないとほめてもらえない……。そうなると、子どもはテストや模試のたびにストレスを感じるようになります。

子どもに限らず、大人でも人からほめられるとうれしいものです。〝ほめツボ〟は人それぞれですが、女の子には「○○ちゃんって、かわいいよね」という外見をほめるひと言が絶対的な殺し文句です。

一方、男の子に「○○くんってカッコイイよね」という言葉はあまり受けません（もちろん、喜ぶ子もいますが……)。

それよりも、**その子の能力を認めてあげる言葉が響きます**。

たとえば、勉強はあまり得意ではないけど「三国志」だけはやたら詳しいハジメくん。いろいろな話を披露してくれるのですが、あまりにマニアックで、聞いていてもついていけないほどです。自分の知識を相手に教えることが大好きなので、「え？　もう一回言って」「そこんとこ、もっと詳しく教えてよ」と持ち上げると、喜んで何度も説明してくれます。

そして、「いや〜、ハジメくん、すごいわ〜。そこまでものを突き詰めて覚えるって本当にカッコイイ。大人になって絶対に生きると思うよ」とダメ押し。受験勉強にはほとんど関係ないとしても、自分が興味を持ったことをとことん知りたいという気持ちは非常に大切な〝ほめポイント〟です。

男の子は女の子と違って、自分の能力を過大評価しがちなので、こういうほめ言葉を素直に自分に取り込みます。

歳の離れた弟がいるトモキくんは、お母さんの気をひきたくて、弟にいじわるばかりして叱られていました。でも、学校で困っていた友だちをちょっと助けてあげた話を聞いたとき、「トモキくんはえらいよね。そういうところが本当に優しいと思う」とほめたら、はにかみながらもすごくうれしそうな顔をしていました。

今まで家でも外でも、優しいと言われたことがなかったのです。

このように、男の子にはその子ならではのほめポイントがあります。特にじっと座っていることが苦手な子は、中学受験の勉強が始まると親からほめられることがまったくなくなり、いつも非難の言葉を浴びせられています。そんな子ほど、普段言われることのない〝その子のよさ〟をほめてあげてください。

また、男の子は自分がつくった成果物（レゴ、プラモデル、夏休みの自由研究など）をほめられても喜びます。とことん彼のうんちくを聞くことが最大のほめ要素になるので、ぜひつき合ってあげてください。

子どもはみんなウソをつく

子どもの多くはカンニング経験者です。長年、家庭教師をしている立場からすると、答案を見れば、「カンニングしたな」とすぐわかります。子ども同士でお互いに採点させているときなどは、答案が返却されてから答えを書き直して、「マル」にしている子も珍しくありません。

また、子どもは平気でウソをつきます。宿題が出ていても「宿題は出てないよ」と言ったり、勉強していなくても「やったよ」と言ったり……。

カンニングぐせのある子を指導するとき、私は毎回、最初は見て見ぬふりをします。そして、「こんな難しい問題、よく解けたね!」とか、「こんな解法、よく思いついたね!」とチクチク突きます。そんなときの返事は「何だか急に思いついて……」「たまたま合ってた」など、みんな同じです。

「じゃ、その解き方を教えてくれる?」と話を進めると、いったん考えるふりをして、「あれ? 忘れちゃった」「あのときは急に思いついたから……」などと弁明します。

大人からすると、「なぜそんなバレるようなウソをつくんだろう?」と思いますよね。でも、女の子の複雑な事情や心境とは異なり、男の子の理由は単純です。

それは単に面倒くさいから。

宿題をするのが面倒くさい、親の機嫌を損ねると面倒、早く終わらせてゲームしたい……。それらの「面倒ごと」を回避するためだけにカンニングをします。

しかも、答えを見たりカンニングしたりしたのがバレて痛い目にあったとしても、のど元過ぎればなんとやらで、ケロッとして同じことを繰り返します。

「あなたのため」「クラスを上げるため」「志望校に合格するため」などと説得しても、まったく響きません。

では、どうすればカンニングなどのくせがなくなるのか。女の子の場合は「なぜそのような行動をとってしまうのか」をじっくり聞いて一緒に解決法を探りますが、男の子の場合は、**「信頼している大人との約束を守る」という部分にフォーカスします。**「あの先生との約束は守らなきゃな」と強く思わせるのです。塾でも家庭教師でも、子どもが一番信頼している先生とのパイプをとにかく太くしましょう。

親の対応としては、親子関係がきちんと構築できているお父さんに対等に話してもらうと高い効果が期待できます。現時点でその方法が効かないようなら、効くような親子関係を築く必要があります。

言うまでもないことですが、カンニングをしないと約束したうえで、テストの点数が悪いと怒ってはいけません。親が約束する場合は、その点に重々注意してください。

中学受験は反抗期のスイッチを入れる

最初に少しふれましたが、中学受験は反抗期のスイッチを入れます。

「ウチの子は幼くて素直なので、親の言うことを聞く小学生のうちに受験をさせたほうがいいと思って。中学生になったら、反抗期が始まるじゃないですか。そうすると、学校の先生に反発したりして、内申点がとれなくなってしまうと困るので……」

不思議なことに、そう答える方の多くは男の子のお母さんなのです。でも、こうしたお母さんの思惑とはまったく逆の結果になることがよくあります。

中学受験の勉強が始まると親子の生活は一変します。生活の中心がそれまでの遊び中心から勉強中心に変わるのです。小学校で習う内容よりはるかに難しい内容を猛スピードで大量に学習させられ、定期的に実施されるテストの結果で自分の立ち位置をイヤでも自覚させられます。

親はわが子の受験をサポートしていくことになります。自分の受験であれば努力でカバーできたとしても、わが子のことになると思うようにいかずに焦り、また、一度しかない子育てで失敗はしたくないと不安が募ります。

そうした状況下では必然的に親子のバトルが勃発し、それがくり返されるようになり、その結果、子どもの反抗期のスイッチが押されるのです。

もし受験をしていなければ、そんな争いは起きなかったでしょう。普通に小学校生活を送っていれば、親に対する反発心はまだそれほど芽生えません。本来であれば、小学生の生活は遊びが中心で楽しいことのほうが多いのですから。

親が子どもに「早く勉強しなさい！」と叱ったら、子どもが「わかってるよ！　今やろうと思ってたのに！」とソファーのクッションを投げる――。

これは反抗期でも何でもなく、単に親のガミガミがうるさくてやり返したにすぎません。激しいバドミントンをやっているようなものです。

反抗期というのは、子どもが親から精神的に離れようとすることです。テストの点数でしか評価をしない親に対して、「結局、大人は結果しか見ないんだ」と冷めた目で見たり、「お母さんは、テストの結果が出るたびに志望校を変えてくる。ただボクを偏差値の高い学校に入れたいだけなんだ」と失望したり……。

こうした**大人のエゴや矛盾に気づき、精神的に離れようとすることが反抗期の表れ**です。

しかし、中学受験は親のサポートなしには成り立ちにくいのが実情です。精神的には親から離れたいと思っているのに、現実的には離れることができない……。これがジレンマを生み、反抗期はより深刻化していきます。

実際、中学受験が引き金となって、親子関係に溝ができてしまった子もたくさんいます。もしこの子たちが中学受験をしていなければ、このような状況にはならなかっただろうと考えると、中学受験を仕事としている私としてはとても複雑な気持ちになります。

だからこそ、1章でもさんざんお伝えしてきましたが、中学受験をするかしないかの選択は慎重にしてほしいのです。

反抗期は人の成長に必要なものですが、できれば自然な成長のなかで訪れてほしい。中学受験は、子どもの心が未熟なうちに反抗期のスイッチを押してしまうという側面があります。中学生や高校生のときならそれを乗り越えていく力が身についていますが、小学生の子どもはまだその力を持ち合わせていません。

子どもの反抗期を恐れて中学受験を選択する親御さんは少なくありませんが、親の思うようにはいかないのです。それは中学受験に限らず、子育てすべてにおいていえることです。

2章のまとめ

● **男の子はまだまだ幼い**

共感性より攻撃性の勝つ男の子は、相手の心の機微が読み取れない。また、エネルギーが有り余っているので、その行動がさらに幼く見える。

● **男の子の不満は単純なこと**

物理的なことや表面的なことに不満を持ち、その奥に深い理由はない。一度吐き出すだけですっきりして根に持たないので、その場で大げさに共感してあげる。

● **興味のないものは完全スルー**

親がよかれと思うものより自分の好きなものの方が大切。興味のないものをどれだけ与えても基本的にムダ。

● **問題行動は愛情不足が原因**

親の愛情不足はダイレクトに男の子の行動に影響が出る。小学校や塾での問題行動は愛情不足のSOS。

● **ほめを効果的に使う**

男の子はほめ言葉を素直に受け取り、かつ過大評価する。言葉でほめるだけでなく、子どもの話、説明、うんちくを聞いてあげることも「ほめ」につながる。

● **カンニングは面倒くさいから**

カンニングをするのは単に面倒くさいから。バレてこっぴどく叱られても、その場をやりすごすことしか考えていない。

● **中学受験が反抗期のスイッチを入れる**

どれほど素直でかわいい子でも、中学受験によって反抗期のスイッチが入る。男の子が親の思うようにエスカレーターに乗り続けることはない。

3章

男の子を伸ばす勉強法

理想の受験生像を求めてはいけない

「宿題は終わったの？」
「テスト直しはした？」
「理社の暗記はちゃんとやった？」

毎日いちいち確認し、やっていないと叱り、言い訳をする子どもとバトル勃発！

中学受験の勉強が始まると、多くのご家庭ではこのようなやりとりが繰り広げられます。「いったい、いつになったら学習習慣が身につくの？」と嘆いている親御さんは少なくありませんが、そもそも親御さんが求める学習習慣とはどんなものでしょうか？

おそらく、朝6時に起きて計算と漢字を30分やって、学校から帰ったらすぐに宿題をやって塾に行き、帰ってきたら復習をやって、理社の暗記もやって、22時には「おやすみなさい！」と寝る。こんな生活をイメージしているのではないでしょうか？

でも、こんなことが毎日できる子なんてほとんどいません。「ウチの子、3年生だけどできているわ」というお母さんもチラホラいますが、それは3年生だから。学年が上がるにつれて、親の理想の受験生像から離れていきます。

親としてはつい「もっと勉強させたほうがいいのでは？」「〝朝勉〟させようと毎朝起こしてるけど、ボーッとしてる時間が長すぎ！」など、子どもに要求ばかりしてしまいます。でも、それは親がイメージしている「理想の受験生像」を基準に比較しているからです。中学受験をしない男の子たちが、放課後に思い切り走りまわって遊んでいる天真爛漫な姿を見てください。遊びたいのをガマンして塾に通っているだけでも、本当によくがんばっていますよね。

わが子をつい何かと比べてしまいそうになったら、**理想の受験生像ではなく、1年前のわが子と比べてみてください**。この1年の間に、どれほどたくさんの勉強をしてきたことでしょう。子どもは、テストや模試の点数といった「数字」によって常に否定され続けています。そこで親がさらに追い打ちをかけるのではなく、「去年は解けなかった問題が今は解けるようになったね」と、成長した部分を具体的にほめてあげてください。男の子は素直に喜びます。

勉強方法は多様化している

今までは、中学受験をするなら塾に通うのが当然でした。大手塾には中学受験に関するノウハウが詰まっているというのは1章でも述べた通りです。

しかし、今は勉強方法も多様化しています。個別指導や家庭教師、通信教材にとどまらず、タブレットや動画による勉強も充実してきました。

中学受験の無料勉強動画がはじめて公開されたのは2013年。実は、私が朝日小学生新聞で連載していた「はじめまして　受験算数」の動画解説が日本で最初です。手前みそになりますが、「塾の先生よりわかりやすい」と多くの方からご好評をいただいています(笑)。その後、多くの授業動画がアップされてきたのをとてもうれしく思っています。

子どもにとって、指導者の教え方や先生のキャラクターがしっくりこなければ意味があ

りません。子どもが「この先生がいい！」と思える動画に出会えたらしめたものです。

動画のメリットは、自分のわからないところで止められる、何度も繰り返し見ることができる、隙間時間でピンポイントに単元を見られるなどがありますが、特に算数においては「解く手順を見ることができること」が最大のメリットです。

算数は速さなら線分図を書き、平面図形なら比を書き込むなど、解く過程でどんどん要素が追加されていきます。しかし、テキストの解説や塾で板書を写したノートには、「完成形」しか載っていません。問題が理解できない子はそれらを見ても、どの順番でどの数字が追加されたのか、チンプンカンプンなのです。

しかし動画なら、「先にこの要素を線分図に書いておかないとダメなんだ」「この数字は、こういう経緯で出てきたのか」といったことが理解できます。

ちなみに私も、最近は子どもの学年や理解度によって、私自身がイチから教える問題と、動画で自学してもらう問題を使い分けています。解法スキルそのものは、子どもの隣に座って教えても、黒板授業でも同じです。あらかじめ動画を見て勉強しておいてもらい、わかりにくかった問題、間違えた問題を一緒に詰めていきます。

ただし、これはあくまで「わかりやすい動画」を見ている場合。「動画で予習してから授業に臨む」「テキストの難問は動画解説あり」という塾もありますが、子どもたちは「動画を見てもさっぱりわからない」「家でもあの先生のつまらない授業を見るのはイヤだ」と、かえって動画に拒否反応を示します。

子どもが「見たい！」と思える動画であることが一番大切です。

予習と復習、どちらが大切？

塾によって、授業の進め方は「予習主義」「復習主義」に分かれます。四谷大塚のテキストは「予習シリーズ」という名前がついている通り、子どもがあらかじめ予習してきたという前提で授業が展開されます。

一方、サピックスや浜学園といった多くの塾は復習主義。4年生から6年生にかけて、同じ単元を繰り返し勉強する「スパイラル方式」です。もちろん、同じ単元といっても、学年が上がるにつれて難度は高くなっていきます。

このように、大手塾の「予習主義」「復習主義」は決まっていますが、それらの授業についていくために、ご家庭で「予習か復習か」を選んで対策することはできます。

塾についていけない子の場合、私の指導は「塾の予習」となります。

以前指導したショウくんも、サピックスの授業にまったくついていけず、いつも「先生の言ってる意味がわからない」「授業がつらいから行きたくない」と言っていました。授業では基礎導入がなく、いきなり問題を解かせるタイプの先生で、問題もショウくんの志望校のレベルをはるかに上回っているものばかり。テキストには、先生の板書がつまみ食い程度に書かれています。

「先生の言っている意味がわからなくて、授業中どうしてるの？」と聞くと、「別に……。授業をずっと聞いてるよ」とは言いますが、あきらかに自信も意欲も失っています。

そこで、ショウくんとの授業は「予習スタイル」にしました。年間カリキュラムを見て、翌週にあつかわれる単元が「流水算」だとわかっていれば、先に流水算を勉強するのです。すると、塾の授業でも先生の言っていることが理解できるようになり、クラス内の子に後れを取ることなく問題が解けるようになりました。
5年生の間はずっと予習スタイルを続けていましたが、6年生になってからは得意な単元、自分でがんばれそうな単元は予習をせずに授業に出てもらうようにしました。

予習スタイルを取り入れる場合に注意しなければならないのは、**子どもに「予習しておきなさい」と丸投げしない**ことです。苦手意識を持っている分野に関しては、6年生でも4年生の部分から理解できていないことがたくさんあります。また、苦手分野については、子どもはテキストに書いてある単純な日本語すらシャットアウトしてしまいます。

限られた時間内でどこまでさかのぼって予習するかはテクニックを要するため、家庭で難しそうなら、個別指導や家庭教師に手伝いをお願いするとスムーズです。

また、予習に時間をかけすぎて、復習に手が回らないという事態は絶対に避けましょう。予習はあくまで授業をムダにすごさないためのもの。宿題で復習し、定着させるのが大切なことは言うまでもありません。

一方、塾についていける子は復習スタイルを取ります。塾で理解できなかったところや、わからない問題を一緒に見直すという、いわゆる王道パターンです。

ここで気をつけたいのが、塾で先生に教えてもらった解法を丸暗記することが勉強だと思っている子。特に、塾から出される宿題が「授業内であつかった問題をもう一度解く」というタイプだと、丸暗記することが勉強だと勘違いしてしまいます。

もちろん、塾でも大切な典型題を授業であつかうため、その問題を固め直すという宿題を出すのは当然です。しかし、「解法の丸暗記」と「理解したうえで解法を体得すること」はまったく別です。

丸暗記をすれば復習テストではある程度の点数を取れますが、入試本番では通用しません。文脈が入れ替わっただけで「これ、習ってない」となってしまう。応用がきかないのも丸暗記型勉強の特徴です。

復習スタイルにする場合は、塾で解いた問題だけでなく必ず新規の類題を解くこと。本来、塾からそのような宿題が出ているはずです。そこでつまずくようなら、埋解できていないということになります。きちんと理解できるまで、塾の先生に質問に行く、家庭でフォローするなどの勉強法を確立しましょう。

塾の指導法も変わりつつある

中学受験に塾が必須ではなくなってきているとお伝えしましたが、その理由は前述した勉強方法の多様化に加えて、実は「塾のスタンス」が現代の家庭に合わなくなってきている、ということもあるのです。

かつては勉強内容はもちろん、学校選び、模試といったあらゆる情報は塾でなければ入手できませんでした。そのため、塾についていくのが当然であり、塾から脱落したり、塾に見放されたりすることは中学受験からの脱落を意味していました。

また、今も大手塾は「1ポイントでも偏差値の高い有名校の合格者数」を増やすことが至上命題ですが、そのためには中学受験が生活の100%である必要がありました。

合格者数ではなく合格率を誇る「希学園」は、灘中への合格人数を浜学園と競い合い、しのぎを削っていた時代がありました。

灘中学にたくさんの合格者を送り込んできた前田理事長は、「同じ灘中を目指すのでも、昔と今は親の意識が違う」とおっしゃいます。

「昔は夜10時すぎまで授業するのが当たり前で、塾の周囲には迎えに来た親のベンツがズラリと並んでいた。でも、今はそんなに遅くまで残したくないという親が多い」

「灘に行った元教え子たちが、『東大入試も医師国家試験も楽勝だったのは、希学園時代に前田先生にとことんしごかれたおかげ』と感謝して自分の息子を連れてきてくれる。でも、『ウチの子も灘に入れたいんですが、僕の時ほどはしごかなくていいです』とお願いされる」

私がかつて講師をしていた浜学園では、復習テストの相互採点が終わったあと、「ベスト・ワースト」というものを発表していました。

黒板に点数を１００点から順に聞いていき、「ベスト１、２、３」と「ワースト１、２、３」には名前も書く、というものです。

ベスト１　浜太郎１００点／２　浜二郎90点／３　浜三郎85点

ワースト１　浜四郎30点／２　浜五郎45点／３　浜六郎50点

といった具合です。

ベスト・ワーストの目的は、ベストの子はほめたたえてクラス中で拍手し、ワーストの子はその場で立たせて叱咤し、「次はワーストにならないぞ！」と思わせる。クラス中の奮起の材料にするというものでした。

しかし、このベスト・ワーストも時代の流れで、今は「ベスト」しか発表していません。ワーストを発表すると、今はクレームの嵐になるからです。

塾とのつきあい方は家庭次第

長い拘束時間、膨大な宿題量、パワハラ、アカハラ……。塾のこうした指導に食らいついていける子は、そこで強じんな心を養うこともできます。しかし、この**前時代的な指導は、現代の多感な高学年男子の精神をこわしてしまいかねません**。

ソウイチロウくんは、4年生からずっと一番下のクラス。算数に苦手意識を持っていましたが、5年生になるとていねいに教えてくれる優しい若手の男性講師になりました。ソウイチロウくんはちょっと年上のお兄さんという感じの先生のことが大好きになり、算数に対する積極性が出て、宿題も自分からがんばるようになりました。

しかし、6年生になって算数講師がかなり年輩の女性の先生になりました。その先生は、言うことを大人しく聞くような子をかわいがり、少しやんちゃなソウイチロウくんのようなタイプには何かにつけて事細かに注意します。

1カ月もたたないうちに、ソウイチロウくんが塾から帰るたびに「あのババア、うぜぇ」と言うようになりました。保護者面談のとき、ソウイチロウくんのご両親は「宿題を出さない」「授業態度が悪い」とさんざんダメ出しをされ、「ウチの子は中学受験に向いていないのでは……」と、大きく意気消沈されてしまいました。

その話を聞き、私は5年生の時の算数の先生に相談するようアドバイスしました。その先生は授業後、ソウイチロウくんを残してじっくり話を聞き、「わからない問題があったら、ボクのところに持っておいで」と言って、ソウイチロウくんの算数担当講師とも話をつけてくれました。

6年生になってから塾に居場所がないと思っていたソウイチロウくんでしたが、それからは算数をがんばるようになりました。

ちなみに、女性の算数講師は授業中にソウイチロウくんにあまり細かいことは言わなくなりました。というより、先生からほぼ無視されたそうです。ひどい話ではありますが、ソウイチロウくんにとっては干渉されるよりははるかにいい状態です。

家庭の価値観が変化してきていることを理解しようとせず、旧態依然とした中学受験指導をしている塾は、今や家庭からそっぽを向かれてしまいます。

これは何も、塾のスタンスに限ったことではありません。

「ウチの子は国語が弱いから、塾の国語は全部個別に切り替えた」「算数と理科はこの塾だけど、国語と社会はこちらの個別」というように、勉強内容を家庭がカスタマイズをする話もよく耳にするようになってきました。

もちろん、塾は基本的に全科目ひっくるめた「授業料」として毎月口座から引き落とすため、科目を減らしたぶんの授業料はムダになってしまいます。

しかし、時間の限られている中学受験では、「塾に申し訳ない」「授業料がもったいない」などと考えていては間に合いません。「合格するために、ウチの子にとって最善の方法は何か」と戦略的に考える保護者が増えてきました。

通っている塾のレベルや価値観が合っているなら、全幅の信頼を置いてついていくことが大切です。そうでない場合は、情報におぼれることなく、多様な選択肢からわが子にとって最善の道をつくってあげてください。

算数に時間をかけすぎない

中学受験は「算数がカギを握る」と言われています。その理由として、次のようなことが挙げられます。

・特殊科目である

義務教育の算数とも中学以降の数学とも異なる内容です。基本的に方程式を使わないため、一部に独特な解法があります。

・必須科目

一般入試では、算数と国語は入試で必ず出題されます。4科入試は国算理社、関西に多い3科入試は国算理、女子校に多い2科入試は国算です。

・配点が大きい

4科目均等配点（国語100点、算数100点、理科100点、社会100点）より、国算偏重（国語100点、算数100点、理科75点、社会75点など）の学校の方が圧倒的に多いです。また一問あたりの配点も大きく、算数1問で社会5問分に該当する場合も多々あります。

・得点差が大きい

合格者平均と受験者平均の得点差がもっとも大きくなります。

・取り組みの差が出やすい

特殊科目であるため、解法を知らなければ解けない問題がたくさんあります。

このため、どの塾も算数に一番時間を割きますし、家庭でも算数の勉強時間が最も長くなります。算数は苦手で嫌いだから宿題は後回し、というご家庭もあるでしょうが、多くのご家庭は算数の宿題から取りかかり、他の科目の宿題に手が回らなくなってしまう。その結果、得意だったはずの他科目の成績が下がっていくという悪循環に陥りがちです。

しかし、入試は合計点で決まります。

たしかに算数は非常に大切ですが、算数ばかりに取り組んで得意科目の点数が下がり、そのためにプライドや自信を失ってしまっては元も子もありません。

入試では満点を取る必要はなく、算数が著しく苦手な場合は、大きく足を引っ張らない程度に仕上げておけばいいのです。

塾のテキストや模試はすべての偏差値帯の子を対象につくられています。しかし、志望校によっては、模試で扱っている内容の半分もいらないケースも多々あります。5年生までのテキストの内容で十分という学校もあるのです。

算数主体の悪循環に陥っている場合、一週間のなかで算数にかけられる時間を決めてしまいましょう。その時間内に宿題が終わらなくてもかまいません。そのぶん、他の科目の勉強時間を捻出する方が大切です。

また、算数が苦手な子はひとつの問題にダラダラと時間をかけがち。図も式も書かずウンウン唸っているようなら、それは解き方そのものがわかっていないということです。その状態で「自分で考える」と意地を張っても、解けないものは解けません。

この場合は、「1問3分」などと時間を決め、その時間でスッパリやめて次の問題に取りかかりましょう。ここで白紙の問題が多い場合は、基礎からきちんと積み上げる必要があります。塾のテキストはいったん脇に置いて、同じ分野の初回のページに戻ったり、わかりやすい動画を探して理解し直したりすることなどが必要です。


とはいえ、小学生にそのプロセスを丸投げしてもなかなかうまくいきません。親が一緒になってテキストをさかのぼる、塾の質問教室で先生に聞く、個別指導や家庭教師に教えてもらうなど、何かしらの手を打って現状を打破しましょう。

「算数が苦手」に男女差はない

算数はどの分野でも考え方を理解し、解き方を知り、演習を積めば得点につながる科目であり、そのプロセスに男女差はありません。

よく「男の子は立体図形が得意」という説を聞きますが、これは親の働きかけの結果です。女の子が小さいときにお人形遊びやお絵かきをしている間、男の子はレゴやプラレール、ボール投げをして遊ぶことによって空間認知能力が鍛えられたのです。実際、男兄弟と外で体を動かしたり、組み立て式おもちゃで遊んでいた女の子は立体図形が得意です。逆に、そういった遊びをしていなかった男の子は立体図形が苦手です。

また、大手塾では算数の先生はほとんどが男性です。女の子は先生にどう接すればいいかわからず、気軽に質問に行けなかったり、大声を出す粗野な先生が怖くて算数の授業がきらいになったりします。しかし、男の子は授業と関係のない面白いネタを連発する先生であれば、それだけで算数が好きになります。

一方、男の子が苦手なのは、ネチネチとしょっちゅう小言をいう年輩の女性の先生。それだけで、「算数の先生が嫌い＝算数が苦手」となります。

算数が苦手だと思い込むと、女の子は苦手意識によって点数が低くなりがちですが、男の子には関係ありません。男の子は自分の実力を過大評価する傾向にあるからです。

算数に対する意識には、別の要因もあります。数学オリンピックで初の女子代表だったメラニー・ウッド（スタンフォード大学助教授）のコーチをしていたボブ・フィッシャーは、「女の子は、数学は男の子がするもので女の子のものではないと耳にする。さらに中学生になると、頭の良すぎる女の子は男の子たちから敬遠されると考えるようになり、消極的になってしまう」と話します。逆に、男の子は中学校以降、このような社会的要因によって数学の成績が女子より良くなります。

さて、実際に点数がいいときの答案を見れば、その理由は一目瞭然。そのようなときは、いつもより式をきちんと書いていたり、筆跡が少していねいだったりするはずです。

そうやって点数が上がるとすぐに調子に乗り、まじめに宿題をしない、式を書かない（雑に書く）など、積み上げたことがあっという間に崩れ、次の模試で点数を下げます。

女の子ならここで落ち込むのですが、男の子は「今回はたまたま調子が悪かっただけ」と、あくまで前向き（!?）です。

算数は図や式をきちんと書くプロセスが非常に大切です。そして、子どもにそのように指導すると、その手間を惜しまないのは当然女の子です。

男の子は図や式を書くことを面倒くさがります。「ボク、算数得意かも」などと考えるとなおさらです。

ちなみに、男の子が「算数が得意かも」と思うのは、模試で点数が取れたときではなく、正答率の低い問題を正解したとき。テストの点数が悪くても、正答率が80％以上の問題を間違えていても、正答率が18％の問題が合っていたら、「オレ、すげぇ」と悦に入ります。そして、ますますテストで計算や一行題をないがしろにし、すぐ大問に取りかかろうとします。

しかし、最初の計算問題も最後の正答率の低い難問も、算数は配点がほぼ同じ。そして4、5年生の間はだましだまし得点できても、6年生になると問題の難度が上がり、図や式を書かない子はあっという間に取り残されます。

だからこそ、**男の子には「式を書くこと」「字はていねいに書くこと」と、こんこんと言い続けなければなりません**。では、いつになったら言われなくてもていねいに書けるようになるのか――。これは、本人が「式を書かないと」「字はていねいに書かないと」と自発的に考えたとき。いつ自発的に考えるかは人それぞれです。

残念ながら、最後までそうならないまま中学受験が終わることもあります。

でも、中学生になった教え子たちのノートや定期テストの答案を見てビックリ！　あんなに汚い字だった子たちが、別人かと思うくらい、ていねいな字で式をびっしり書いているのです。


親の小言は男の子に苦手意識を植えつけたり、算数ギライにしてしまいます。

たしかに、入試では採点官が読める字で書かなければなりませんし、算数は立式が重要になるのは事実です。

しかし、筆跡や立式の有無を責めることで苦手意識を植えつけるのはやめましょう。**苦手意識ほど、点数の足を引っ張るものはありません**。

〝歴史好き〟は受験の役に立つか？

子どもを歴史好きにするのには、「歴史マンガ」がおすすめです。私が子どものころは、歴史マンガといえば学研や小学館の歴史マンガが主流でしたが、今はいろいろな出版社から歴史マンガシリーズが出ています。大人の感覚からすると、「マンガだったらどれも同じじゃない？　何を与えても楽しく学べるでしょ」と思うかもしれませんが、**子どもには入り込みやすい絵とそうでない絵があります**。

男の子が好むのは、昔からあるいかにも「歴史マンガ」的なものをはじめ、最近ではCGイラストなどでよりリアルに表現した『史上最強カラー図鑑』シリーズ（ナツメ社）などの図鑑も人気です。

一方、女の子はやっぱり線がやわらかくてキレイな絵を好みます。最近では、『ねこねこ日本史』（実業之日本社）や『ヘタリア』（幻冬舎）が人気のようです。『ねこねこ日本史』は歴史上の人物に扮した猫が繰り広げる歴史マンガです。『ヘタリア』は世界史がテーマなので中学受験には関係ありませんが、世界のさまざまな国の歴史、民族、風土などを人に表して国を擬人化したマンガです。

このように女の子の好むマンガは、人物そのものをリアルに描いたものよりきれいな絵、あるいは動物など別のかわいいキャラクターに置き換える方がなじみやすいようです。逆を言えば、学校の図書館に昔から置いてあるような歴史マンガには、あまり興味を示しません。親がよかれと思って、全巻ドーンと買って来ても、まったく読まないなんてこともあります。

一方、男の子は歴史的人物を動物にするなんて絶対に許せません。頼朝は頼朝、信長は信長。そんなところをいじってほしくはない。**「かわいい」よりも「リアル」**が大切であり、彼らの生きざまを詳細に描いたマンガに惚れ込みます。

歴史好きな男の子は多いですが、彼らは一度ハマると、とことんその世界を追い求めます。三国志が好きなハジメくん（2章でも紹介しました）は、5年生の時点で3つの出版社の『三国志』を読み比べていました。

女の子でも最近は〝歴女〟と言われる歴史好きが増えています。その多くはNHKの大河ドラマや映画などで好きなタレントが演じた武将に惚れ込み、そのまま好きになっていくパターンです。でも、そのタレントが別の役を演じたら、今度はそっちも好きになってとコロコロ気移りすることもあります。

でも、男の子は一度「この将軍が好きだ！」と惚れ込んだら、とことん好きになり、どんどんその世界を深掘りしていきます。中学受験の社会入試は、地理・歴史・公民の三分野がまんべんなく出題されることが多いにもかかわらず、歴史ばかりを勉強しがちになりますが、それこそしめたもの。**何かにとことん夢中になるのはとても素晴らしいこと**で、それが歴史や地理なら願ってもないことです。

歴史が好きで地理や公民に興味がなければ、すべて歴史にひもづけて覚えさせてしまいます。実際、社会の得意な子はすべての分野が有機的につながっています。

しかし、ひもづけることができない、あるいは歴史も地理も公民も全部苦手という場合は、男の子の競争心をうまく刺激します。親子で問題集の一問一答をどちらがより多く正解させられるか、地図記号かるたでどちらがたくさんカードを取れるかなど、ゲームとして取り組みましょう。

男の子は競争では常に勝ちたいもの。親が本気を出して負けが続くとスネてしまいますので、なるべく勝たせてあげてくださいね。

興味のない単元の攻略法

人間は忘れる生き物です。そもそも脳がそのようにできているので、これは仕方のないことです。

タカシくんに得意科目を聞くと「社会！」と即答。鉄道路線図の好きなタカシくんは、地理好きなお父さんとさまざまな路線に乗り、リアルに地図を把握しています。

その一方、歴史や公民、理科の植物、人体といった暗記分野にはさっぱり興味が持てない様子。「被子植物と裸子植物」といった基本的な部分すら間違え、「何回もやったじゃない！」といつもお母さんにため息をつかれます。

中学入試に必要な知識は全然頭に入らない、すぐに忘れるのに、自分の興味のあるものに対しては驚くような記憶力、吸収力を発揮する――。

わが子を思い出して、深くうなずかれることと思います。

受験勉強には、理解力だけでなく記憶力が必須ですが、記憶させるための勉強法は脳の構造と切っても切り離せません。

脳研究者の池谷裕二先生が非常にわかりやすい説明をしてくださっています。そのなかで、特に中学受験に必要と思われる項目をご紹介しましょう。

・一度に覚えられる量には限度がある

脳は、必要以上に記憶を詰め込むと覚えが悪くなります。つまり、どんどん新しい知識を詰め込めば詰め込むほど、それまでに覚えたことが抜けてしまうのです。

さらに、記憶力はストレスによって低下します。そのため、最も確実なのは「覚えられる量をストレスなく覚えること」です。

これを踏まえ、「来週テストするからな！」と、塾の先生から歴史年号が100個書かれたプリントを渡された場合、どうすればいいでしょうか？

具体的には、100問のうちの30個だけを確実に覚えることです。100個は完全にオーバーフローですが、30個なら脳も許容できます。さらに、「100個全部覚えなきゃ」という強迫観念はストレスに直結しますが、「30個だけは絶対に正解させよう」という目標であればストレスが少なくなります。むしろ、30個正解させるために40個がんばって覚えようするという手もあるでしょう。

・出力回数が多いほど脳に残りやすい

さらに、人間の脳は得た知識をどんどん忘れるようにできていますが、**同じことを何度も繰り返し復習することで忘れる速さが遅くなります**。この場合の復習とは、出力（テスト）を意味します。脳は出力依存型であり、出力回数が多いものほど残りやすいのです。

この出力方法にもコツがあり、単に一問一答的に出力するのではなく、他の知識と関連した「知識活用型」出力の方が定着しやすくなります。

歴史年号でいえば、一問一答を何度も繰り返すのではなく、模試や入試問題の複合問題で他の知識と関連づけて覚える方法です。歴史年号テストのために2時間確保した場合、100個の年号をむやみに覚えるのではなく（実際、入試で一問一答形式の出題はほぼありません）、30個に絞って他の出来事と関連づけて覚える方がよほど力になります。

・興味があること、感情を揺さぶられることは定着する

勉強した内容を長期的に保存する（定着させる）には、脳にシータ波を起こす必要があります。このシータ波は「好奇心」と言いかえることができます。

つまり、未知のものに出会ったときにドキドキ、ワクワクするなど、好奇心が強く外に向かっている状態のときにシータ波が出ます。**興味を持っている対象については、少ない回数の復習で定着しやすくなる**のです。では、どのように興味を持たせるか。

「私、戦国武将とか全然興味ないしー」というような女の子でも、勉強の際に、その内容に関連して感情を揺さぶられればシータ波が出るのです。

具体的には、1582年の本能寺の変を覚える際、織田信長もしくは明智光秀のどちらかに感情移入させ、そのときの様子や心情を具体的に考えさせるのです。女の子なら、「織田信長の方が断然かっこいいし、何となくクラスの○○君にキャラかぶってる」というビジュアル的肩入れ、身近な人物とのリンクも非常に大切になります。最終的に、織田信長が火を放つときの無念さまでイメージできれば完璧です。

子どもの脳の容量に関係なく、中学受験は膨大な課題が与えられます。それに対して「なぜウチの子はできないんだろう」ではなく（ほとんどのお子さんができません）、「そもそも無理なんだから、脳の特性を活かして効率よく取り組もう」と思えれば、そしてそれをお子さんと共有できれば、もっと楽しく勉強ができるようになります。

公立高校の入試はいざ知らず、私立中学や私立高校といった出題範囲無制限の入試では、あらゆる知識を完璧にして臨むこと自体が根本的に無理なのです。

〝いかに気持ちよく勉強させるか〟が大切

家庭教師をつけたことのないご家庭から、「先生の授業はどんな感じで進められるんですか？　1回2時間と聞いていますが、ウチの子はそんなに長い時間、勉強に集中できるか自信がなくて……」と言われることがあります。

たしかに私の授業は1回2時間が基本で、その時間分の授業料をいただいています。でも、どんなに成熟度の高い子でも毎回2時間ずっと集中できる子なんていません。そもそも、**人間の集中力は1時間ももちません**。

また、いきなり授業に入っても、冒頭はほとんどの子がうわの空です。

特に、女の子は人間関係の悩みがあるとそのことで頭がいっぱいになってしまい、勉強どころではありません。

男の子も同じですが、単に気持ちが勉強モードにならないというだけで、そこまで深刻ではありません。女の子は学校の話をたくさん聞いてあげないと心を向けてくれませんが、男の子は〝オレの話〟を聞いてあげれば、それで十分。

ただ、ここで少しでも聞いてあげるかどうかで、勉強に対する気持ちの入り方が違ってきます。

また、「先生、スピードしよ！」とトランプを持ってくる子もいます。親からすれば「せっかく先生が来てくださっているのに、トランプじゃないでしょ！」「高い授業料払ってるんだから、勉強しなさい！」となるでしょうが、私は「じゃ、一回だけ」と一緒にスピードをします。

男の子はここで「絶対先生に勝ってやる！」とすさまじい集中力を発揮し、わざと負けてあげると、とてもスッキリした顔をします。そして気分がよくなったところで、「さーて、先週の続きをやろうか」と舵をとり、勉強モードに入っていく。

でも、いきなり難しい問題を解かせると、「やっぱり、勉強ってつらい……」となってしまうので、はじめは簡単な問題からやらせ、「おっ！　ちゃんと解けているじゃん。もうここは完璧だね。じゃあ、もうちょい難しいのもやってみる？　これができたらすごいよ！」といった感じで、**とにかく気分を乗せてあげる**。そうすると、気持ちよく勉強をします。

集中できるのはやっぱりせいぜい15分から30分。でも、それでいいのです。子どもの成績を伸ばしたければ、まずは子どもが気持ちよく勉強ができる状態にしてあげること。そのサポート役は、やはりお母さんが適任です。

ただ、親子は感情がむき出しになって、バトルに発展してしまう恐れもあります。お母さんが何から何まで一人で背負い、イライラしたり、ガミガミ言ったりすると、子どもは気持ちよく勉強することができません。

そういうときは、家庭教師など第三者の力を借りるのも一案です。勉強は塾で習い、そのサポートは家庭教師に委ね、お母さんは笑顔で支える。チームの形はいろいろありますが、男の子の勉強に必要なのは、〝いかに気持ちよく勉強させるか〟がカギになります。

3章のまとめ

● **理想の受験生像を求めない**

遊びたい時期に塾に通って宿題に取り組むだけでも立派。一年前のわが子と比べて成長を認める。

● **勉強方法は多様化している**

今は塾に通わなくても勉強できる方法が増えてきている。また、旧態依然とした塾のスタイルと家庭に食い違いが生じることも多々ある。塾とのつき合い方は家庭次第。

● **予習主義か復習主義かは子ども次第**

塾についていけない子には予習主義が効果的。ただし、出力である復習は忘れずに。

● **算数に時間をかけすぎない**

中学受験において算数は非常に重要だが、入試は合計点。算数主体の悪循環に陥らない。

● **算数の能力に男女差はない**

算数も理科も能力に男女差はない。理数系の得手不得手は先天的なものではなく、後天的なもの。

● **勉強にゲーム性を持たせる**

勝負ごとが好きで勝ち負けにこだわる男の子には、勉強自体にゲーム性を持たせる。暗記ものは親子で勝負し、男の子に勝たせて気分を乗せる。

● **脳の特性を活用する**

興味のない単元こそ脳を活用する。「一度に覚えられる量には限界がある」「出力回数（テスト）が多いほど脳に残りやすい（定着しやすい）」「興味のあること、感情を揺さぶられることは定着する」の3点を常に意識してムダを省く。

4章

男の子の学校選び

「私立ならすべて上手くいく」と思っていませんか

義務教育により誰でも行ける公立中学と、入試を経て高い学費を払わなければならない私立中学。公立中学と私立中学の違いは、入試の有無や学費だけではありません。

まず、私立には、「文化（校風）」があります。国公立の中学・高校では、教師は公務員であるため、数年で他の学校へ異動になります。

一方、私立中高一貫校では校長や先生の異動が少ないため、20年、30年と同じ学校にいる先生も珍しくなく、よくも悪くも文化が形成されます。大学の教育実習は母校で行うことが多いものですが、私立出身なら当時の恩師がいることも多々あります。同じ先生が長くいるということは、学校の文化が何十年も受け継がれるということでもあります。

また、私立中高一貫校には、**6年間を通じてどのような人材を育成したいかという教育理念があります**。

たとえば、同じ男子校でも「質実剛健」や「文武両道」を掲げる学校もあれば、キリスト教の教えに基づいた「高潔なる精神」や仏教の教えに基づいた「礼義廉恥」を大事にする学校などさまざまです。その教育理念を長い年月をかけて実践し、学校の文化を伝承しているのが、私立の最大の特徴だと言えるでしょう。

次に、私立には共学校の他に男子校・女子校・大学附属校などのカテゴリーが存在します。男子校と女子校は性別の特性に配慮した授業ができますし、大学附属校は受験をせずにそのまま大学へ進学できるという大きなメリットがあります。

さらに、公立は文字通り公教育なので、学校の授業で扱う内容は文部科学省の学習指導要領に沿いながら、検定教科書を使って進められます。一方、私立は学習指導要領に沿いながらも、自由にカリキュラムを組み立てることができます。

そのため、ほとんどの私立中高一貫校では5年間で中高6年間の勉強を終え、最後の1年間を大学入試対策にあてています。これが公立高校だと、高3のセンター試験（今後は共通テスト）ギリギリまで入試範囲が終わらないこともあります。

ある私立中高一貫校の校長先生は「公立は平等、私立は自由」と話されていました。

公教育は平等主義で、公立高校の入試でも中学3年間の学習内容を逸脱した出題はされません。一方、私立は各学校の理念に沿って自由に教育できるため、私立中学の入試問題は大学入試を上回るレベルのものも散見されます。

さらに、私立中高一貫校では6年間共に生活することになるため、**友だち同士のきずなを深めやすい**という特徴もあります。そのため、中高一貫校出身者は大学時代より中高時代の友だちと強い仲間意識で結ばれていることが多くあります。特に大学附属出身者は10年間同じ仲間とすごすことになり、それが顕著です。

さて、ここまでの説明を読んで、「私立のほうが圧倒的に魅力的」と感じた方が多いと思います。各校の学校説明会では、それぞれの魅力をプレゼン力のある広報担当の先生がたっぷりアピールするので、どの学校もキラキラと輝いて見えることでしょう。

しかし、私立中高一貫校に行けば、誰もが幸せになるわけではありません。親御さんが魅力的に感じた「学校の文化」がお子さんにはマッチしない場合もあるし、大学受験がない附属中高一貫校に入ったとたん、お子さんがまったく勉強をしなくなることもあります。また、せっかく憧れの難関校に合格できたものの、授業のレベルが高すぎて勉強についていけなくなり、自己肯定感が大きく低下することもあります。

理数系に力を入れている学校だからといって、お子さんが必ずしも数学が得意になるとは限りません。英語に力を入れているからといって、本人が社会に出て、その力を活かそうとするかは別問題です。礼法を重んじているからといって、礼儀正しい人間になる保証はどこにもありません。

私立は親の期待どおりにお子さんを染め上げてくれるわけではありません。「この学校に入りさえすれば」という考えは捨てましょう。私立はさまざまな環境を用意してくれていますが、それを活かすかどうかは本人次第です。

向いているのは男子校？　共学校？

公立とは異なり、私立には「男子校」が存在します。実は、日本はもともと男女別学の国であり、共学が許されたのは1947年（昭和22年）に教育基本法が施行されてから。世界的に見て日本に男女別学の学校が多いのはそのためです。

では、実際に男子校と共学、それぞれのメリットとデメリットは何でしょうか？

男子校のメリットとしてよく挙がるのが、前述したように男子校では異性を気にしなくてもいいため、男の子がこだわりなく本来の自分でいられるという点です。音楽や芸術、演劇といった、男らしくないと見なされそうな分野への関心を深め、才能を伸ばしていくことができます。男子校の男の子は、共学校と比べて美術、音楽、外国語、文学を学ぶ例が2倍になるという研究報告もあります。

一方の共学校には、男性と女性が混在しており、一般社会と同じ形の中で人間関係を学んでいくことができます。

男子校のデメリットとしては、異性という緩衝材がないため、男の子のいじめに拍車がかかる傾向にある、あるいは異性にどう接すればいいのかわからない、という点が挙げられます。しかし、大学3年生以降になると出身校は関係なくなってくるようです。

共学校では常に異性を気にするため、自分らしさを発揮しにくくなります。英語の授業の際、英語らしい発音でしゃべろうとするのはガリ勉タイプだけ、ということが非常に多くなりますが、元来勝負好きの男の子は、男子だけのクラスでは誰の発音が一番いいかを全員で競おうとします。つまり、**男女別学はジェンダーの固定観念を打ち破る傾向があり、共学校はジェンダーの固定観念を強化する傾向があります。**

このように、男子校と共学校では子どもたちの意識が大きく変わりますが、当然、全員がその環境通りに成長していくわけではありません。公立小学校ですごした男の子は男子校の世界を想像しにくいため、ぜひ男子校、共学校の両方の学園祭などに連れていってあげてください。

親はどうしても「どちらが向いているか」と頭を悩ませますが、子どもはたくましく、男子校で外見ばかりを気にする子もいれば、共学校で美術をバリバリ得意科目としてがんばる子もいます。

一番影響が大きいのは、男子校や共学校といった環境ではなく、家庭の姿勢の違いです。男子校で居心地が良くても社会にはいろいろな人がいるという多様性を受け入れられるように、共学校で男らしさにとらわれていても、持ち前の優しさや感受性を排除しないように、親がしっかり働きかけてあげてください。

お母さんにはわからない男子校の魅力

男子校とは、その名の通り男子しかいない学校です。私は県立の共学高校出身ですが、学年の生徒数は男子のほうが多く、10クラス中4クラスは「男子クラス（通称ダンクラ）」でした。男性の先生が授業に入り、なにかおもしろいこと（おそらく下ネタ）が話題になるとダンクラからすさまじい雄叫びが上がります。それは男女クラスには絶対にないものでした。

そんなダンクラの廊下を通ると、なんというか……やっぱりニオイが違いました。汗のニオイだけでなく、青春まっさかりのオスのニオイ……なのでしょうね。中学生のとき、上級生クラスの廊下を歩くときは緊張して下を向いていたように、ダンクラの廊下もちょっと別世界なので極力歩かないようにしていました（笑）。

そんなダンクラの子たちは、「オレ、3年間ずっとダンクラだぜ。青春終わったわ」「男女クラスに憧れるわ〜」と言いながらも、やっぱりダンクラが楽しそう。高校を卒業してからも、男女クラスよりダンクラの結束のほうがはるかに強いのを感じます。

男女クラスにいても、ダンクラ出身者は男子同士にしかわからないネタや、ものすごく幼いネタで勝手に盛り上がっていたり、女子からするとどうでもいいと思えることに必死で取り組んだりします。クスクス笑って先生に注意されるのも、実は女子より男子。女子のようにこっそりできないぶん、余計に目立っていました。やっぱり男子は幼い……。


男子校出身の友人に聞くと、「男子校のよさは伸び伸びすごせることにつきる」のだそうです。そして、自分の息子の進路をどうするかと聞くと、「やっぱり男子校をすすめたい」と話します。

もちろん女子がいたほうが生活にハリはあるけど、中学の時点ではまだ女子のほうが大人で優秀だし、何かと仕切られる。そうかと思いきや、重い荷物を運んだり、文化祭の大工仕事になったりすると、いきなり女を武器に頼ってくるなど、なんだか女子は面倒くさい。そんな気づかいや気づかれをせず、**本来の自分を出して6年間すごせるというのが、男子校の最大の魅力**だと言います。

男子校の子は女性との距離感がわからなくなる？

近年、男子校を目指す男の子に「どうして男子校に行くの？」と聞くと、「女子が怖いから」と答える子も一定数います。小学生の男女の成長差は大きく、おとなしい男の子は気が強い女子の子分のように扱われ、男子同士で趣味の話（鉄道など）で盛り上がると「キモッ！」などと言われる……。それがイヤだから、女子のいない世界に行きたいと言うのです。幼い男子がウザくて女子校を目指す女の子がいますが、それと同じ心理ですね。

私立中高一貫校のなかで、学校数では女子校のほうが多いですが、学校のカラーの幅では男子校のほうがバラエティに富んでいます。

文京区にある獨協中学では、文化祭の○×クイズで「中1に聞きました！　第一志望じゃなかった人の割合はどれくらいでしょう⁉」と自虐ネタをやっていました。実際、第一志望以外の生徒が多いとのことですが、最後にはとても明るく「でも、獨協に入ってよかったと思います！」と締める様子に、男の園の純粋さを感じます（笑）。

また、仲のいい男友だち同士で、誕生日のプレゼントを交換することもあるとか……。これは共学校ではおそらく見ることのできない光景です。もちろん、中身はゲームソフトだったりマンガだったりするようですが、仲のいい友だちを喜ばせようという気持ちが芽生えるのでしょう。**どんな子でも素の自分を出し、その子に合った居場所が見つかるのが、男子校の最大のメリット**です。

一方、懸念事項としてよく挙がるのが、「女子との距離感をつかめなくなる」というものです。明治大学の諸富祥彦教授は、著書『明治大学で教える「婚育」の授業』(青春出版社)のなかで、「大学1、2年生で彼女がいる割合は、共学出身の男子は40％なのに対して、男子校出身の男子は9％」と示しています。

とはいえ、この差は大学3年生以降でなくなるとのこと。武蔵の校長先生も、彼女ができる・できないは男子校出身か共学校出身かには関係がないといいます。

理科入試で見る男子校の特徴

関東圏の男子御三家といえば、開成中・麻布中・武蔵中の3校。いずれも東京都内にある男子最難関校であり、伝統校です。

各校の特徴はいろいろなところで紹介されているのでここでは省略しますが、ぜひ理科の入試問題も見比べてください。

入試問題はそれぞれの学校が自由に作成しますが、理科は特に〝その学校らしさ〟にあふれています。

もっともユニークな問題を出すのが麻布中です。2019年度にはエスプレッソのつくり方がテーマの問題が出題されました。最難関校の入試問題というと、ものすごくハイレベルで、塾で猛勉強をした子しか太刀打ちできないように思いますが、麻布の理科入試は塾で習ったことはほとんど出ません。

それどころか、小学生の子どもが知らないような初見の問題を出します。猛勉強をしていようがいまいが、受験生のほとんどの子が同じ土俵で挑むことになります。

「塾で習ってないからわからない……」とひるんだり、あきらめてしまったりする子は麻布中には受かりません。こうした問題を出す学校は、初めて見る問題に対しても「なになに、どんなことが書かれているのかな？」「へぇ〜、なるほどね。だからこうなるのかな？　いや、こういうことかもしれないぞ」など、興味を持って読み進めていけるような、好奇心旺盛な子にきてほしいのです。

そんな強い好奇心が互いの個性を尊重し、認めるため、結果として卒業生の進路も政治家からアーティストまで非常に多岐にわたっています。

武蔵中の理科入試もユニークです。理科入試では〝もの〟を与え、その実物を見て考察を記述させる「おみやげ問題」が有名です。配られた本物の対象物を素直に観察し、考察を深めていきます。予備知識は不要で、いかに素直に観察し、自分の頭で考察するかが問われます。

武蔵の授業も知識重視ではなく、〝本物に触れる〟ことを重視し、自ら調べて考え、発表する力を育成します。そのため、提出するレポートの数は相当数にのぼります。

「なぜそうなるか」の探究が好きな子にはたまらない環境ですが、面倒くさがってすぐに解答を見るような子は武蔵に向いていません。

一方、開成中の理科入試にユニークさはありません。問題の質は高く、単に暗記をするだけでは当然答えを導くことができません。知識と知識のつながりや現象と原因の関係を考えさせる問題が続きます。

けっしてやさしい問題ではありませんが、毎年合格者の平均点は8割を超えます。開成の理科入試は、きちんと知識をインプットしたかどうかを測るバロメーター的な役割です。

毎年、東大合格者数トップを誇る開成は、勉強だけでなく部活動や学校行事も盛ん。何事にも全力というこの学校は、その素地を見極める入試で、好奇心や探求心よりもたしかな学力を求めています。

このように、ひとくちに〝男子御三家〟と言っても、各校が求める生徒像はさまざまです。前述した教育ジャーナリストのおおたとしまささんは、「開成は責任感の強い長男、要領のいい次男が麻布、年が離れて生まれたマイペースなこだわり屋の三男が武蔵。個性は違うがどことなく似ている3兄弟」とたとえています。

なるほど、おもしろいたとえだなと肯いてしまいました。3兄弟の中で、お子さんはどのタイプに当てはまるでしょうか？

算数入試に隠された学校側の思惑

近年は中学受験も多様化し、主流の4科入試だけでなく国算の2科入試、算数入試、英語入試、適性型入試など、得意な教科で戦える入試が増えています。なかでもここ数年で増えているのが、午後入試の枠で行われる算数のみの1科入試です。

算数入試の先駆けとなったのは高輪中と鎌倉学園。

男子校の入試日程は、

2月1日　開成、麻布、武蔵（すべて東京）
2月2日　栄光学園、聖光学院（すべて神奈川）

となっています。神奈川県下で栄光学園、聖光学院が第一志望の子たちは、併願校やチャレンジ校として2月1日に東京の御三家を受験します。

鎌倉学園では、神奈川県下のトップ層の受験生たちに来てもらえるよう、2月1日午前に一般入試、同日午後に算数入試を実施しています。

「ここで気持ちよく合格をとって、栄光や聖光を受けてください。でも、万が一不合格だったときはぜひウチへ」というスタンスで算数入試を行っています。

それを包み隠さずに言うところが〝鎌学〟らしくていいなと思います。受験生にとっては本番前の腕試しとして、学校としてはたとえ腕試しであっても少しでも優秀な子を入れたい。つまり、どちらにとっても好都合な入試だということです。

2019年度入試では、新たに巣鴨中や世田谷中といった男子校も算数入試を始めました。狙いは鎌学と同じですが、なぜ各学校は算数が得意な子をほしがっているかおわかりでしょうか？

算数が得意な子は物事を論理的に考えることができるからです。中学以降の勉強はもちろん、大学入試では論理的思考力がとても重要になるため、学校側はその素地を持っている子にきてほしいのです。

また、最近は企業が数学の得意な学生を求めていることから、大学側も数学に力を入れ始め、文系の大学でも入試で数学を課すところが出てきました。つまり、大学入試においても、数学が得意だと圧倒的に優位なのです。

私立中高一貫校にとって、大学進学実績はとても大きな宣伝材料になります。そこで、**学校側は6年後の大学進学実績を見すえて、算数の成績が優秀な子を確保したいと考えているのです。**

なにやら大人の事情がからんでいますが、他の教科の勉強をする必要がないので、単に算数だけが得意という子が、スポーツや習いごとを両立させながら受験できるというメリットもあります。ただし、入学後に算数以外の科目で周囲についていくのが大変になるというリスクがあります。算数入試は4科目バランスよく勉強したうえで選択する、あるいは入試は力試しとして受ける（進学はしない）という扱いをおすすめしています。

面倒見のいい学校とは

私立中高一貫校は、公立の中学や高校と比べて「面倒見がいい」とよく言われます。この「面倒見」のよさにひかれて私立に入れたがるご家庭は少なくありませんが、親御さんたちが求めている「面倒見」とは、いったい何を指すのでしょうか?

ある学校は、「ウチは予備校いらずの面倒見のいい学校です」とアピールします。「勉強のことなら学校におまかせください！　春・夏・冬休みには学力に応じた特別講習を、定期テストで成績が思わしくなかった子には補習を、高3生には大学受験対策を学校で全部やります。予備校に通わせる必要はありませんよ」というもの。

こうした講習を学校の先生が行ったり、塾と提携したり、OBにきてもらったりするところもあります。たしかに、これらすべてを学校がやってくれるというのなら、親としてはとてもありがたい。

でも、**なんでもかんでも学校が勉強の面倒を見てしまうと、大学には合格するかもしれ**

ませんが、もっと大切なものを学ぶ機会を奪ってしまうのではないかと心配になります。

また、ある大学附属校では生徒全員が大学へそのまま進学できるだけでなく、OB・OGのネットワークを利用して就職活動に有利なインターン制度を設けたり、大学出身者を対象とした婚活パーティーを実施したりと、就職や結婚まで面倒を見るそうです。

私はそれを聞いたとき、かえって怖くなりました。

本当に面倒見のいい学校とは、勉強や人生のお膳立てをしてくれるのではなく、生徒一人ひとりをよく観察し、心に寄り添えているかどうかにかかっています。

男子校といえば、かつては〝男らしさ〟を育てる学校が主流でした。今でもふんどしで寒中水泳をしたり、山の中を長距離歩行したりする男子校はいくつかありますが、その一方で、〝女子が苦手〟というおとなしい男の子の受け入れ先としての男子校も存在します。

小学校では自分を出せなかった男の子のために、ある男子校では男の子の成長に合わせたカリキュラムをつくり、少しずつ自信が持てるように男の子を伸ばしていると言います。「入学時は幼い男の子が、卒業時にはたくましい〝男〟に成長している」と、ある男子校の校長先生はおっしゃっていました。

これもある意味、〝面倒見がいい〟と言うのかもしれません。

一方、自立している生徒の多い難関校は、そこまで生徒一人ひとりに寄りそうようなことはしません。また、私立中高一貫校の場合、学習障害を抱えているお子さんに対するフォローや対応はマチマチです。中学受験は入試時の学力で合否が決まるため、学校側は生徒に障害があるかどうかまではわかりません。また、小学生の時点では親も障害に気づかない場合があります。

ところが入学後に英語の授業が始まると、アルファベットがなかなか覚えられず、どうもおかしいと思って医療機関で検査をしてみたら、字を読むことが困難な「ディスレクシア」（読字障害）と診断されるなどのケースもあります。

しかし、学校側がそのフォローをしてくれるという保証はありません。私立中高一貫校のすべてが、面倒見がいいわけではないのです。

勉強であれ人間関係であれ、**魚を与えるのではなく、魚の釣り方を教える**のでなければ、大学に入ってから、社会に出てから困るのは本人です。学校の言うことを鵜呑みにせず、それぞれのご家庭が求める面倒見のよさをぜひ見きわめてください。

OB・OGの寄付金からわかること

公立、私立それぞれの中学・高校を卒業し、社会に出てから母校を振り返るとき、その母校愛の表現方法が決定的に異なる部分があります。それが卒業生による有志の「寄付金」です。

開成や慶應などといった伝統校では、やはり寄付金の額が非常に多いそうです。こうした学校の卒業生は社会に出てから活躍していることが多く、「今の自分があるのは、この学校で6年間すごしたことが大きい」と、学校に対して感謝の気持ちを抱いています。

そのため、惜しみなく寄付金を出すことができるのです。やはり寄付金が潤沢であればあるほど教育設備は整っていきます。

しかし、私立中高一貫校ならどこでも寄付金が集まるのかといえば、そうではありません。とある有名進学男子校は毎年一定数の東大合格者を出していますが、卒業生からの寄付金はほとんど集まらないそうです。この学校は宿題の量も小テストの回数も多いとはいえ、文武両道で勉強一色というわけでもありません。

「学校が細かくサポートしてくれたから現役でこの大学に合格できた」と感謝している卒業生も多数います。しかし、その卒業生の寄付先は中高ではなく大学です。

このように、同じ中高の6年間をすごす場合でも、**学校のカラーによって母校愛の比重は変わってきます**。卒業生による寄付金が集まる学校は、その学校の満足度を表す指標のひとつとして参考になるのではないでしょうか。

ただし、同じ寄付金でも在校生家庭から集める寄付金とは別です。こちらは任意と言いつつも、なかば強制的に負担をしなければいけない学校もあります。寄付金は「1口から」と書かれていても、実際は5口以上が暗黙の了解……ということもあります。母校愛をはかるものさしは、あくまで「卒業生からの寄付金」を参考にしてください。

宗教校の実情

国公立にも男子校・女子校は存在しますが、唯一ないのが「宗教校」です。宗教校はキリスト系の学校と仏教系の学校があり、キリスト教はさらにカトリック系の学校とプロテスタント系の学校に分かれます。

プロテスタント校は「自主・自立」を大切にしているため、学校はあまり厳しく管理をせず、自由で明るい校風になる傾向があります。ただし、毎朝礼拝がある、聖書の時間があるなどより宗教色が濃くなります。

一方、カトリック校は「他者に尽くす前に自分の能力を磨くべし」という教えがあり、しっかり勉強をさせる傾向があります。キリスト系の学校というと女子校をイメージする人が多いと思いますが、実はそれなりの数のキリスト教系男子校があります。

ただし、女子校はプロテスタント校が多いのに対し、男子校はカトリック校が多いのが特徴です。

「キリスト教系の学校は、信者でなくても入れるの？」「厳しい戒律があるのでは？」と不安に思われる方もいるかもしれませんが、私立中高一貫校に関しては、そのようなことはありません。

それは仏教校でも同じです。般若心経を唱えたり座禅をしたりする機会はありますが、宗教色はそれほど強くありません。芝中、世田谷学園、鎌倉学園などの男子校が該当しますが、たまたま行きたい学校が仏教系だったというご家庭がほとんどです。

でも入ってみたら、「礼拝の時間は心が落ち着く」「奉仕活動に目覚めるようになった」「座禅で心が鍛えられた」など、そのよさを語る卒業生は多いものです。

もちろん、その影響を受けるかどうかは本人次第で、なかには「礼拝の時間はいつも寝ていた」という人もいます。私の夫も高校が仏教系の学校で、毎朝般若心経を唱え、修学旅行では高野山で座禅をしていたそうですが、「今の人生に何か影響あった？」と聞いたら、「一つもない」と答えていました。しかも、毎朝唱えていた般若心経も今は忘れてしまったとか。「興味がないと、ほんと何も身につかないよね～」というのが、毎度ながらわが家の結論です。

【主な宗教校】

【キリスト教系（カトリック）】

〈男子校〉聖光学院、栄光学園、暁星、サレジオ学院、大阪星光学院、洛星、函館ラ・

サールなど

〈共学校〉愛光など

【キリスト教系（プロテスタント）】

〈男子校〉立教池袋、立教新座、聖学院など

〈共学校〉青山学院、明治学院、関東学院、同志社など

【仏教系】

〈男子校〉芝、世田谷学園、鎌倉学園、東大寺学園、東海、東山、清風など

〈共学校〉宝仙学園、淑徳、洛南、清風南海など

キリスト教系の学校と親

宗教系の学校に通う影響は本人次第だとお伝えしましたが、学校側としては、やはりその教えを信じているご家庭の子にきてほしいという思いがあるようです。というのも、キリスト教系の学校では宗教的な行事がいろいろあり、やはり教徒のご家庭はそういうとき

に率先してお手伝いをしてくれるからだそうです。

あるカトリック教の男子校は毎年東大に2ケタの合格者を出す進学校ですが、偏差値の高さや大学合格実績だけに魅力を感じて入ってくるご家庭の親は、バザーやボランティア活動などにはほとんど参加しないと言います。そういう親は進学実績ありきなので、学校の建学精神や教育理念などはどうでもいいと思っているのです。

でも本来、**キリスト教の学校には親の奉仕精神が求められ、それで成り立っている部分がとても大きい**のです。キリスト教系の幼稚園や小学校の理念を理解して子どもを入れる親は、その性質を維持するための協力を当然のこととして惜しみません。

そのため、進学実績を目当てに中学からキリスト教系の学校に入れる子の親とは、意識の面でギャップがあります。願書に信者であるか否かを書く欄を設けている学校があるのは、こういった理由があるからです。

仮に信者でなくても、親が積極的に学校行事に参加したほうが学校の様子がわかり、保護者同士の交流も深まります。キリスト教の学校を検討している場合、親のかかわりはどの程度必要なのか、親がどのくらい学校に関わることができるかということも考えてみてください。

部活については入念なリサーチを

私立中高一貫校に通わせるメリットは、中3で高校受験がないため、好きなことに思いきり打ち込めることにもあります。そのため、6年間をどの部活ですごすかは、とても重要なポイントになります。

しかし、**私立中高一貫校に行けば必ず部活に没頭できるというわけではありません**。たとえば、入試で上位の成績をとり特進クラスになった場合、学校によっては部活動に入れないケースもあります。

その逆に、入学後の中間テストや期末テストの成績が悪いと、部活への参加は推奨しないという学校もあります。6年間思いきり部活に打ち込みたかったのに、気がつくと勉強ばかりさせられていた、なんてことにもなりかねません。入ってから「話が違う！」とならないために、ぜひ在校生に話を聞いておきましょう。

また、野球は中学（軟式）と高校（硬式）で扱うボールが違うことがあり、中3の夏で一度軟式野球部を引退し、半年間休んでから高校で硬式野球部に入部することになるため、ずっと続けてきた野球を一時的に休むことになります。そのため、ここで野球に対するモチベーションが下がってしまう子もいます。さらに、高校が甲子園常連校だった場合、高校から入ってくる生徒は野球推薦なので、一般入学の生徒が試合に出られる可能性は極めて低くなります。そのため、硬式野球部に入るのをあきらめてソフトボール部に入るというケースも聞きます。

また、私立とはいえ都心の学校には充実したグラウンドや練習施設がないこともあります。たとえば、渋谷教育学園渋谷にサッカー部はありますが、練習グラウンドは学校から離れた場所にあり、思いのほか移動時間がとられてしまう、あるいは活動日が制限されるという難点があります。

部活にかかる費用も要注意。負担額は公立とは比べものになりません。特にブラスバンドやオーケストラなどの楽器にかかる費用は、個人持ちなのか学校で貸してくれるのかで変わってきます。また、強豪校ほど遠征も多くなります。

私立中高一貫校では、中学生と高校生が分かれて活動をしている部活もあれば、中1から高3までの生徒が一緒に活動している部活もあります。中高生が共存する部活なら、中学生は高校生の背中を見ながら成長できるというメリットがあります。

中高生が共存しない部活ならば、中学3年生のときに最高学年としてリーダーシップを発揮する機会があり、そこで大きく成長できます。

人気の大学附属校にひそむ落とし穴

中学受験において、今も昔も変わらず一定の人気を集めているのが大学附属校です。

かつては「大学受験がないから6年間好きなことに打ち込める」という理由で選択されていましたが、数年前からは、2020年度から始まる大学入試改革の混乱を回避したいという理由で受験を希望するご家庭が増えています。

大学入試改革はいまだに迷走しており、大学入試センター試験しか知らない親世代の不安を反映して、大学附属校への人気が高まっているようです。

また、3年前から早稲田大学や慶應義塾大学といった東京都内にある難関私立大学の定員が大幅に削減され、大学入試のハードルがより上がったことも大きく影響しているように感じます。そういう意味では、大学附属校という選択も悪くはありませんが、なかには「ウチの子は勉強がまったくできないから、とにかく附属校に入れて大卒の肩書きだけはほしい」という親御さんがいます。それもまだ4年生の段階でです。

さすがにそれは、その子の将来の可能性を狭めてしまうのではないかと疑問に思います。親がそう思っているということは、子どもも「中学にさえ入れれば、あとは勉強をしなくていいんだ」という考えになってしまうということです。

大人でも子どもでも、人間はラクなほうへと流れる生き物です。**大卒の肩書きだけを目的に大学附属校に入った子は、中学に入ったとたんにまったく勉強をしなくなり、あっという間に落ちこぼれていきます**。

高校から生徒を募集している大学附属校も多く、後から入ってくる子ほど狭き門を突破しており、その分だけ高い学力を持っています。中学から入れたからと油断していると、どんどん追い抜かれていきます。

「でも、附属校ならみんな上の大学に行けるからいいじゃない」と思うかもしれませんが、大学は「行くだけでヨシ」ではなく「何を学ぶか」が大事です。高校の成績上位の子から入りたい学部を選んでいくので、行きたい学部があっても、人気の学部はすぐにうまってしまいます。下位の子は、みんなが選んだあとに残った学部にしか行くことができないのです。

また、全員が上の大学へ進学できるとは限りません。たとえば早稲田大学系列の場合、「附属校」はほぼ進学できるのに対して、「系属校」は学校によって上に進学できる割合が変わってきます。1月に東京で受けられることから、〝お試し受験〟をするよう塾からすめられる早稲田佐賀の内部進学率は47％で、早稲田摂陵はわずか8％です。早稲田という名前がついているものの、早稲田大学に進学できる保証はありません。**大学附属校だからといって安心できるわけではない**のです。

むしろ今は、一般受験では応募定員が削減されているものの、推薦枠やＡＯ入試枠では入りやすい大学もあります。私のかつての教え子のコウキくんは、中学受験のときはまだ精神的に幼く、いまひとつ学力が伸びず、偏差値50の第三志望の学校に進学しましたが、その後、中学受験で身についた学習習慣を崩すことなく、コツコツ勉強をがんばって、早稲田大学の推薦をとり、この春、早稲田大学に進学しました。このように、大学附属校に行かなくても、無理なく着実に大学入試を突破する道もあります。

私立共学校は女子が強い!?

近年、共学校の人気が高まっています。もともとＭＡＲＣＨ以上の大学附属校は人気がありましたが、かつて女子校・男子校だった学校が共学化したとたんに注目され、偏差値が跳ね上がったこともあります。渋谷教育学園渋谷や広尾学園、高槻などがそうですね。

共学校の偏差値は男子より女子のほうが高いというのをご存じですか？

たとえば、早稲田実業なら男子の64に対し女子が69、慶應中等部なら男子の64に対し女子が70といったように、男女の偏差値が5つ以上も違うところがあります。

同じ学校なのになぜそうなるのかというと、女子の募集数のほうが少ないため、倍率が高くなるからです。早稲田実業なら、全体募集120名に対して女子は40名、慶應中等部なら募集全体の140名のうち女子は50名と約3分の1しか女子をとりません。そのため、早慶などの上位共学校には狭き門をくぐり抜けてきた優秀な女子が集まります。

では、なぜ女子の募集数が男子の募集数より少ないのでしょう？　その理由に男女の成長差が挙げられます。中学入学時点では女子のほうが成熟度が高く、精神面で男女のバランスがとれません。もし募集をきっちり男女半々にしてしまうと、元気な女の子がクラスを仕切り、男子がそれに引っ張られていく形になってしまう。小学校と同じ現象が起きてしまうというわけです。

そこで、**女子の数を減らすことで全体のバランスを整えている**のです。こうした傾向は上位校ほど強くあります。

男子校に行くか、共学校に行くかは志望校選びで大きな選択ポイントになります。共学校を選ぶ子は女子に対して幻滅していません。クラスで男女間の仲がよかった、友だちに男女の区別がない、女子と遊ぶほうが楽しい、異性に興味のある、のいずれかです。

「ウチの子に好きな子がいるなんて、聞いたことないけど」というお母さんもいますが、単に親に話していないだけかもしれません。

しかし、小学校のクラスメイトと、受験をくぐり抜けてきたクラスメイトは違います。ましてや、上位校であればあるほど女子の数が少なく、しかも優秀で大人びています。小学校のノリで男子同士ふざけて騒ぐ姿に、眉をひそめる女子たち。

「中学に入っても、ぜんぜん女の子の友だちができなかった」と振り返る男子もいます。

ちょっと気になる「別学」というスタイル

以前、ある中学校の先生からこんな話を聞きました。

理科の授業で実験をするとき、実験道具が目の前に並べてあれば好奇心が旺盛な男の子はすぐに手を動かしたくなります。先生の説明も聞かないうちに勝手にやろうとする子もいて、「コラッ、ちゃんと説明を聞け！」なんて叱られるのはよくある光景。

それに対して、女の子はきちんと説明を聞いてからでなければ触ろうとしません。

また、叱り方も男子と女子で異なります。男子校と女子校の両方で指導経験がある先生によると、男子は大勢の前で「コラッ！」と叱っても、その場がすぎれば当の本人はケロッとしています。一方、女子は大勢の前で叱られると萎縮してしまうため、一人への戒めをクラス全体の反省につなげる配慮が必要なのだそうです。

さらに、男子は過ちを指摘して叱ればいいのですが、女子は先生の叱り方が気に食わないと自分の過ちを棚に上げ、「あの先生、ウザい」と根に持つそうです。

このような男女の特性に注目したのが「男女別学」です。

男女別学にはさまざまなスタイルがあります。たとえば、かえつ有明は中1から高1までは男子と女子が別々に授業を受けます。これは、中学入学時点での男子と女子の成長度に差があるからです。また、それぞれの性に応じた勉強への取り組み方や理解の仕方に考慮した授業を行うことで、それぞれの能力を伸ばすという考えがあります。

しかし高校生ともなると男女の成長差がほぼなくなるので、大学進学に向けた理系・文系のコース選択による男女混合クラスになります。國學院久我山は完全別学で、授業は6年間男女別々です。一方、部活動や学校行事は男女一緒に行います。

別学のよいところは、女子の特性に対応した授業が受けられるうえに、男子と適度に交流ができるということ。いつも男女一緒だとダレるけど、たまに会うからときめく。別学には恋のドラマが生まれる予感がします。

そんな〝いいとこどり〟の別学。「だったら、別学が一番いいじゃん！」と思うかもしれませんが、実施している学校が少ないのが残念なところです。

志望校選びで気をつけること

中学受験において志望校選びはとても重要です。特に男の子の場合、大手企業に就職するなら（またはある職業に就くのなら）最低限このくらいの大学には行ってほしい、そのためには中学受験をしたほうがよさそうだという流れでスタートさせるご家庭が多いので、自然と偏差値の高い学校へ目が行きがちです。

そこで、志望校選びもまずは御三家から始まり、さすがにそのレベルは無理そうだとなればもう少し下の学校を検討し、そこもダメならさらに下を検討するといった感じで、だんだん現実に近づけていく。そして、その偏差値帯のなかで学校の雰囲気がよかったところを第一志望校にするというのが、典型的な男の子の中学受験です。つまり、**偏差値↓校風という順番で志望校を決めていきます**。

第二志望以降は、その下にある学校のなかでできるだけ偏差値の高い学校を選択していきます。そうなると学校の雰囲気なんてどうでもいいとばかりに、偏差値重視でまったく校風の異なる学校を選んでしまうご家庭がいかに多いか！　特に男の子の中学受験の場合、そこに子どもの意志はほとんど反映されず、親が勝手に決めてしまうことがほとんどです。

一方、女子は第一志望校では偏差値を気にしつつも、そこでどういう6年間をすごしたいかもしっかり検討します。それは第二志望校以降も同じで、女の子は第一志望校、第三志望校についてもそこですごすイメージを描こうとします。

男の子のように親が勝手に決めることはなく、「私はここがいいな。だって、制服がかわいいし、先生が優しそうだったから」などと自分の意見をちゃんと言えるのは、偏差値より自分がこの先6年間、どんな環境ですごすかのほうが重要だからです。

このように、男の子のご家庭と女の子のご家庭では志望校の選び方が違ってきますが、男の子のご家庭のように**偏差値の高さだけで志望校を決めてしまうと、進学先の校風がまったく合わないということがあります**。

自由にさせることで伸びる子が管理型の学校に入ってしまうと、あれもこれもとやらされ勉強嫌いになってしまう。あるいは、ある程度決められたなかでコツコツ取り組むことが得意な子が自由奔放な学校に入ってしまうと、入学してから何をやっていいのかまったくわからず、途方に暮れてしまう――。

入学後にダメージを受けるのは子どもであり、それが6年間も続くとなると、かえって子どもの成長の芽を摘んでしまうことになります。そうならないためにも、第一志望校だけでなく、受験する学校についてはすべて、その学校がお子さんに合っているかどうかをしっかり見きわめておくことが大事です。

成長が遅めな子の中学受験

男の子を指導していて、こう思うことがしばしばあります。

「この子の受験のタイミングは今じゃないんだよなぁ。あと3年待ってあげれば、もっともっと伸びるのに……」

天才肌でありながら、成熟度が低いため中学受験には向かない男の子がいます。好奇心が旺盛で深い思考力もあり、すさまじい集中力もある。しかし、いかんせん興味のないことは努力できないというのが、この手のタイプの子です。

中学受験は4科の総合点で合否が決まります。すべてをパーフェクトにする必要はありませんが、どの教科もまんべんなく学習をして、得点力を上げていくことが大切です。そのためには、毎日コツコツと机に向かって勉強をする、テストで間違えたところはしっかり見直すなどの地道な努力が欠かせません。

ところが、この手のタイプの子は、好きな教科の勉強は何時間でもできて取り組みますが、苦手な教科や興味のない教科はやりたがらず、総合点に結びつけることができません。

そこで、塾の先生や親が無理やり引っ張っていくことになりますが、イヤなものはイヤ。ガマンしてやることを苦痛に感じ、せっかくいい素質を持っているのに、無理やりやらされることで勉強嫌いになってしまうことがあります。

このタイプの子には無理に中学受験をさせず、成熟度がある程度高くなるまでは本人の興味のあることを思いきりさせてあげたほうが、あとで大きく伸びます。**中学受験は期限が決まっているため、「待つ」ことが許されない世界です。しかし、高校受験であれば能力を伸ばすために、存分に「待つ」ことができます。**

もう一つ、中学受験ではいまひとつ伸びないけど、中学生になってからじわりじわりと伸びていくタイプの子がいます。理解するのに時間はかかるけど、コツコツと努力のできる子です。習得に時間がかかるため、ハイスピードで展開される塾の授業にはついていけませんが、自分の頭でじっくり考える習慣がついていれば、テストの点数は芳しくないとしても、しっかり学力の根を張っていきます。

そういう子は無理に塾のペースに合わさせず、最終的に入試で勝つことを考えて学習を進めていくようにしましょう。塾の先生の授業がわかりにくければ、無料動画授業などを利用してみるのもいいと思いますし、その子だけの学習カリキュラムで進めてくれる家庭教師をつけてみるといいと思います。

こういう子を無理やり塾のカリキュラムに合わせようとすると、まったく結果が出せず、中学受験でつぶれてしまうことが往々にしてあります。そうならないためには、その子に合った学習ペースで進め、とにかく基礎をしっかり身につけることが先決です。

基礎がしっかり身についていれば、中学に入って成熟度が高まってくると、さらにグングン伸びていく可能性を秘めています。

このように、**子どものタイプや成長のタイミングによって、その子が力を最大限に発揮できる時期はさまざま**です。一般的な中学受験のレールに乗せようとしてもうまくいかないことの方が多いことを肝に銘じて、その子に合った速度と学習法を見きわめてください。受験のチャンスは何度でもあります。

4章のまとめ

●私立の環境を活かすかどうかは本人次第

私立校には公立にはない魅力がたくさんあるが、それを活かすのは本人次第であり、「私立に入れさえすれば何とかなる」は大間違い。

●理科入試で特徴がわかる

入試問題は「こういう子にきてほしい」という学校からのメッセージ。特に理科に学校のカラーが出る。

●算数入試の意図

企業や大学は数学の得意な学生を求める。大学合格実績のために算数の得意な生徒を確保したいという思惑から生まれたのが算数入試。

●面倒見といってもいろいろ

予備校いらずをうたう学校もあれば、人格形成に力を入れる学校もある。「面倒見がよい」という言葉にはさまざまな解釈があるので要注意。

●男子校のメリット・デメリット

異性の目を気にせず、自分らしくふるまえる。競争心の強い男の子は、男同士の方が勉強もスポーツも伸びやすい。一方、男同士のいじめがエスカレートしたり、女性に対する理想が高くなりがち。

●共学校のメリット・デメリット

ステレオタイプな男性の型にはめようとするため、文系や芸術科目への積極性が低下しやすい。

●成長が遅めな子

高校受験で開花する子もいる。子どもに合った速度と学習法を見きわめる。

5章

男の子の親のかかわり方

中学受験はお母さんの受験ではない

中学受験をする理由はご家庭によってさまざまですが、男の子のご家庭は親がやらせたくて始めるというケースがほとんどです。地頭がよく、成熟度の高い男の子なら親の期待にそって難関校に合格することもできるでしょう。塾が配っている冊子の合格体験記に登場するのは、こういうタイプのお子さんです。

体験記を読んで、「ウチの子も」と期待をしてしまう親御さんは少なくありませんが、それはあくまでもよその子の成功体験です。

勉強は本人がするもの。「親の私ががんばればなんとかなる」と考えるのはおごりです。これまで何度もお伝えしてきたように、中学受験は成熟度の高さがカギを握ります。勉強することを苦に感じず、やるべきことはきちんとやる。それができない子に、親が無理に勉強させたところでうまくはいきません。

特に男の子は、異性であるお母さんからすると、「どうしてこんなこともできないの？」

「なんで今それをするの？」と理解できない行動をします。それがガマンできず、声を荒げるお母さんがどれだけ多いことか。男の子をコントロールするのは本当に人変なことなのです。

そこまで無理に勉強をさせて親子関係がギクシャクしても、最後には志望校に合格できれば、お母さんは「あぁ、受験をしてよかった」と語れるかもしれません。しかし、本人が納得のいかない中学受験をした場合、子どもに何らかのしこりを残すことがあります。中学に入って不登校になる子もいます。

タカアキくんはサッカーが大好きな、元気な男の子でしたが、お母さんがどうしても中学受験をさせたくて、5年生になると同時にサッカーをやめさせました。

「中学に合格さえすれば、いくらでもサッカーができるから！」がお母さんの殺し文句です。例にもれず親子衝突も多々ありました。

「オレはサッカーがしたいだけなんだから、サッカー部があればどの中学でもいいんだよ！」と爆発しましたが、よくよく調べてみると、残念ながら地元の公立中学にはサッカー部がありません。

ひところは「別にサッカー部じゃなくていい。もう勉強したくないから、公立に行く」とまで言っていましたが、だましだまし勉強させて、なんとか入試本番を迎えました。

しかし、第一志望から第三志望までは全落ち。2月3日、ようやく入試がわがことととなったタカアキくんは、「絶対に決めてくる！」と入試会場に向かい、なんとか第四志望に合格することができました。

実はその学校、サッカーがそこそこ強く、タカアキくんは「やったー!!」と、最初からその学校が第一志望のよう。「受験してよかった」と語っていました。

ところが、これには後日談があります。受験が終わったとたん、お母さんは塾のテキストを全部燃やしてしまったそうなのです。ただ捨てるだけじゃ気がすまない。もう二度と見たくないから燃やしてしまった……。

子ども自身は結果を前向きにとらえているのに、お母さんはこの3年間がまったく価値のないものだと思ってしまっている。それを見たタカアキくんがどう思うか、想像する余裕すらなかったのです。

中学受験はお母さんの受験ではありません。お母さんのための受験でもありません。その線引きができていないと、このように悲しい中学受験になってしまいます。

プライドの高い親が子どもの足を引っ張る

12月の模試を最後に、そこから本番までの1カ月間、6年生は自分の成績が伸びているのかどうかがわからない状態で勉強を進めていくことになります。

直前期の勉強は主に過去問を解くこと。そこで合格点に達していればまずまず安心ですが、合格点に達していないのに、模試ではいい結果が出ているからと、きちんと対策をとらないご家庭があります。直前期にカウンセリングで相談を受けたコウジくんの家がそうでした。

志望校の合格可能性を測る合否判定模試は受験校選びの判断基準にはなりますが、それはあくまで目安です。志望校の合否を正確に判断するには、**その学校の過去問で点数がどのくらいとれているかのほうが重要**なのです。コウジくんは模試では合格可能性60％をとっていましたが、3回やった過去問はすべて合格点に達していませんでした。解答を見ると、基礎的な問題でかなり点を落としています。

そこで、最後の1カ月はもう一度基礎固めをして、確実に点をとるという対策を提案しました。

ところが、お母さんは「こんな簡単な問題を今さらやるなんて」と、難色を示します。焦りがある親、あるいはプライドの高い親ほど、基礎をさせることをイヤがるのです。しかし、コウジくんはあちこちで基礎が抜けています。模試ではたまたまコウジくんの得意な単元が出たから得点につながったものの、過去問ではまったくダメ。

せめて、その学校で頻出する単元の基礎だけでもしっかりつけておきたいところです。それだけでも得点は大きく変わってきます。


しかし、お母さんはコウジくんの基礎に不安があることを認めたくありません。「直前期に基礎をやらせていたら、間に合わないじゃない！　ウチの子は本当はもっとできるのよ」とでも言いたげで、こちらの提案を受け入れようとしません。

基礎の定着度に一番不安を感じているのは、ほかならぬコウジくんです。二人きりになったときに話を聞いてみると、「模試ではたまたま得意な単元が出たけど、過去問ではぜんぜんとれないんだよね……」とポツリ。

「模試であれだけの点がとれたのはすごいことだよ。自信を持とう！　でも、過去問で間違えてしまったこの問題はよく出るから、ここはちゃんと基礎からやっておこうか」と言ってあげると、コウジくんはホッとしたような顔を見せました。やはり、本人も不安に思っていたのでしょう。

子どもは不安に思っているのに、親がそれを認めずに暴走する。実は、こういうケースは直前期によくあります。私がその不安を取り除いてあげる言葉をかけると、わかってもらえたと泣き出す子もいます。

子どもの気持ちに鈍感で、人のアドバイスを聞けない親ほど厄介なものはありません。「お願いだから、お子さんの足を引っ張らないで！」といつも思います。

こんなお父さんには要注意

ひと昔前まで、中学受験といえばお母さんと子どもの二人三脚が主流でした。ところが、最近は中学受験に熱心なお父さんが増えています。お父さんが子どもの教育に関心を持つのはとてもいいことですが、残念なことに、その**熱心さがかえって子どもにダメージを与えてしまう**ことも多いのです。

地方の県立トップ校出身で難関大学を卒業——。このようなお父さんは特に要注意です。医師や弁護士になっていたり、官僚や大手企業の重役だったりすると、「今の自分があるのは、努力をして勉強をしてきたからだ」という自信を持っています。

そのため、「努力したぶんだけ成果が出る」というビジネスの考えを中学受験にも当てはめようとしてしまいます。中学受験を、仕事のプロジェクトや部下育成と同じようにとらえてしまうのです。

そういうお父さんは成績が伸び悩んでいる子どもに対して、「ここまで時間もお金もつぎ込んでいるのにこんな成績しかとれないなんて、中学受験は向いてないんじゃないか」などと平気で言ってしまいます。

大人同士で取り組む仕事、あるいは自分ががんばればそのぶん成果が返ってくる仕事と、中学受験は違います。相手はまだ子ども。精神的に幼い、あるいは第二次性徴期にさしかかって心身ともに不安定な状態にあり、人生経験も浅く、生き抜くためのスキルも持ち合わせていません。努力や気合いでは乗り越えられないことだらけです。

また、中学受験を経験していないお父さんは、今の中学受験がどんなに大変かをまったく理解していません。「小学生の受験なんて、たいしたことないだろう」とすら思っているのです。

模試で偏差値50レベルの学校で苦戦しているわが子を見て、「なんでお前は偏差値50レベルの学校で手こずっているんだ？　こんな偏差値の低い学校なんて受験する意味があるのか？」などと平気で言います。でも、**中学受験の偏差値50と高校受験や大学受験の偏差値50はまったく別物で、比べること自体が間違っています**。

そもそも受験者の母数が違うし、受験をする子の学力層が違うということをわかっていないのです。

それでもお父さんは、「わが子のために何かしてあげたい」と考え、自分ができることをしようと勉強を教え始めます。仕事ではクールでも、わが子にはつい感情が入ってしまい、「なんでこんな簡単な問題がわからないんだ！」などの言葉をぶつけ、子どもが萎縮する――。特にお父さんは娘より息子を厳しく叱る傾向にあり、理詰めで子どもの逃げ場をなくす叱り方をします。

幼いうちは、「お父さんが怖いから」という理由で子どもは親の言うことを素直に聞きますが、学年が進むにつれて男の子はお父さんに対して心を閉ざしてしまいます。

「このテストで点数をとらないとお父さんに怒られる……」などと萎縮した状態では、点数が伸びるはずがありません。たとえお父さんが怖くて必死に勉強しても、それは恐怖から逃れるため。そして、この状態でもっとも懸念すべきは、男の子の自己肯定感が破壊されてしまうことです。

「放っておけ」は育児放棄につながることも

中学受験に熱心なお父さんが増えている一方で、まったくかかわろうとしないお父さんもいます。仕事が忙しくて不在がちという従来のお父さんとはまた別のタイプで、「本人の好きなようにさせておけばいい」と子どもの自由にさせておくお父さんです。特に男の子のお父さんに多く見られます。一見正論に思えますが、実はそうではないケースもあります。

シュウイチくんは、ほうっておくと休みの日は一日に10時間以上もゲームをしています。どうしても中学受験をさせたいお母さんと、ゲームの時間をめぐって毎日激しいケンカが繰り返され、親子関係がどんどんこじれていく一方。最終的には塾にも行かなくなり、勉強どころかほとんどゲーム依存の状態になってしまいました。

お母さんは中学受験をさせたいものの、仕事が忙しくて不在がち。お父さんは中学受験には反対で無関心。塾に行かなくなり、シュウイチくんの勉強は個別指導塾と家庭教師に丸投げという状態でした。そんな状態だからシュウイチくんは一向に勉強に身が入らず、親がいないのをいいことにゲーム三昧。当然成績は上がりません。

このままでは、中学受験以前にシュウイチくんの将来が心配です。そこで、お父さんと話す機会をもらいました。しかし、お父さんは「受験なんて本人にやる気がなければやる意味がない。ゲームをやりたければ、本人の好きなようにやらせておけばいいんです。私も子どものころはゲーム機が煙をふくまでやってました。でも、本人がやる気になれば結果は出るんです。私がそうでしたから」と、まったくとりあいません。

たしかに、お父さんの意見は正論です。本人にやる気がなければ、受験をする意味はないし、本人自身が今のままではダメだと気づかなければ、事態がよくならないこともわかっています。私も本書で何度もそのようにお話ししています。

でも、この状態のシュウイチくんにそれを求めるのは無理な話です。

このお父さんは中学・高校とゲーム三昧の日々を送り、ある日このままでは自分はダメになると気づき、その後、猛勉強をして東大に進学したという成功体験を持っています。でも、それができたのは高校生だったからであって、小学生の子どもに同じことができるわけがありません。**大人が導いてあげなければ、子どもはどんどんラクなほうへ流れていきます**。精神年齢が高い子であれば自分を律することができますが、幼い子にそれは無理です。だから、導くようなことを何もせず、「本人が気づくのを待てばいい」というのは、単なる育児放棄です。

小学生の子どもは、自立に向けて親がきちんと目をかけ、しっかりサポートしてあげなければいけません。仕事が忙しいからとすべて外注するお母さんと、「本人が気づくまでほうっておけ」と育児放棄しているお父さん。こんな状態で、子どもが落ち着いて勉強ができるわけがありません。第一、夫婦の意見すら一致していないのです。

「子育て四訓」をご存じでしょうか。

乳児はしっかり肌を離すな
幼児は肌を離せ、手を離すな
少年は手を離せ、目を離すな
青年は目を離せ、心を離すな

とても含蓄のある言葉ですが、シュウイチくんは愛情不足で、年齢的には少年であってもまだまだ親の肌が、手が、目が、心が必要でした。私が指導できることは心を離さないようにすることだけ。肌と手と目は、親にしかできません。

お父さんにしかできないこと

世の父親というものは、息子に自分を投影する傾向があるようです。「オレができたんだから、息子もできるだろう」「オレの子だから、息子もできるだろう」と思ってしまうのです。同じ子どもでも、娘に対してそうは考えません。娘は女の子だから、自分とは違うものとしてしっかり切り離して見ることができます。

リクくんのお父さんは開成→東大卒のエリートサラリーマン。お母さんは地方出身で大学から上京し、現在は専業主婦。ご主人のすすめで中学受験をさせることにしましたが、首都圏の中学受験事情にはあまり詳しくありません。お父さんはリクくんを自分の母校の開成に入れたがっています。しかし、リクくんの成績は常に低空飛行。6年生でも大手塾で真ん中より下のクラスです。

しかし、お父さんは「大丈夫ですよ。私は小学6年生から塾に通いましたけれど、最後の3カ月で急に成績が伸びて逆転合格できたんです。だから、リクもこれから伸びてきますよ。私の子ですから」と笑って話します。

親子といえども別の人間です。第一、リクくんは現状で基礎すらあやしい状態であり、ここからどんなにがんばっても、開成レベルに持っていくのは容易ではありません。

でも、お父さんは信じている。そのプレッシャーを受けるリクくんはいい迷惑です。だって、それは不可能だと本人が一番わかっているのですから。

近年は中学受験に積極的にかかわるお父さんが増えてきていますが、お父さんのかかわり方によっては、かえって子どもを潰してしまうことがあります。

リクくんのお父さんのように現実を直視せず息子に自分を投影してしまったり、自分の高校・大学受験の成功体験とわが子の中学受験を比較してしまったり、仕事のように効率を求めてしまったり……。こうした状況で中学受験がうまくいかなくなってしまうことが、実はとても多いのです。

それなら、お父さんは経済的な援助をするだけで関わらないほうがいいのか？　いいえ、そんなことはありません。たくさんかかわっていただきたいと思います。

でも、**かかわるのであれば、子どもにとことん寄り添ってあげてほしい**のです。多くの子どもは、いつも何かしらの不安を抱えながら勉強を進めています。そんなときに話してほしいのは、お父さんの自慢話や成功体験談ではありません。

「お父さんも子どものとき、勉強するのがイヤでさぼったことがあったんだよ。そしたら、次のテストでびっくりするような点をとっちゃって、さすがにこれはまずいぞって思って、がんばって勉強したら一気に成績が上がってね……これまたびっくりしたよ」といった感じで、飾ることなく自分をさらけ出して、今の子どもの気持ちに寄り添ってあげるのです。

「ほぅ、お前はそんなことを考えているのか」「お母さんのキーキー声、正直パパも結構キツいんだ（笑）」と共犯者になってあげる。男の子だからこそ、男同士でしか腹をわって話せない時間をたくさんつくってあげてください。

「男同士でそんなにペラペラ話さないよ」というご家庭もあるでしょう。

それでも大丈夫。男の子ときずなを深めるには、活動を共にすることが一番です。特にキャッチボールやバッティングなどの体を使うものは、男の子のガードをほどきやすくします。

男の子はお母さんに愛情を求めますが、お父さんには同志になってほしいのです。

あまりに忙しくて時間がとれないような場合は、子どものサポートは全面的にお母さんに任せて、お父さんはお母さんのサポートをしてあげる。そうやって一歩引いて、家庭内にいい空気を送り込んであげることも、お父さんに求められる役割です。

お母さんの笑顔は最強

男の子はお母さんのことが大好きです。どんなに憎まれ口を叩こうと、激しく反抗しようと、お母さんのことが大好きです。特に小学生のうちは本当にお母さんを求めています。

ヒロくんとお母さんは関係性が最悪でした。ヒロくんは「あいつと同じ部屋にいるだけで気分が悪くなる」など、小学生とは思えないほど恐ろしい言葉を常日ごろからぶつけて、お母さんのつくったごはんにはいっさい手をつけません。

お父さんも忙しく、家族で食卓を囲むことはないようです。おばあさんのつくったごはんは食べますが、おばあさんがいないときは朝食も夕食も食べないという徹底ぶりでした。

当然、お母さんの口からは「ヒロには何を言っても通じません」「私の手には負えません」と、ため息とともにわが子をあきらめ、見放したような言葉しか出てきません。ヒロくんとお母さんの間ではすさまじいトラブルが後を絶たず、お母さんがなすすべなく立ち尽くすこともしょっちゅうでした。

家庭教師としていろいろな家庭に入り込み、かなり深い所まで親子関係をたくさん見てきている私でさえ、そんなことばかりが続くと、さすがに「親子といえども、相性が悪いのかも……」と思うこともしばしばでした。

しかし、やっぱり好きなんです、ママのことが。

お母さんもカウンセリングに通うなどよくがんばり、心の凝り固まったヒロくんが、お母さんと二人だけのときはお母さんの布団にもぐり込んだり、笑顔を見せるようになりました。

そして、入試が差し迫った1月。ヒロくんと併願校について話しているとき、それまで親の言うことにいっさい耳を傾けずに無視していたヒロくんが初めて、「ママは何て言ってる?」と話を振ってきたのです!

親子関係が順当に育まれていれば、本来ならば親離れに向かう時期ではあります。でも、紆余曲折を経たヒロくんにとって、素直にお母さんへの愛情表現を他人に見せることができたのは、大きな転換期でした。

授業後に私がお母さんと話をするときも、以前であればすぐ部屋から出て行っていたヒロくんでしたが、他のことをしながらでもずっとそばにいて、お母さんが何を話すか耳をそばだてているのです。

小学生の男の子にとって、お母さんは地球上で最愛の人なんだなぁ、とヒロくんを見てあらためて思いました。

女の子もお母さんの喜ぶ顔は大好きです。でも、それは男の子がお母さんに求める比ではありません。一見、お母さんの様子を気にしていないようで、どれほどお母さんの表情をうかがっていることか。

思い切り叱りつけてしまった後、「ごめんね」と謝ることは大切です。日常の会話も大切です。でも、何より**お母さんの笑顔が最強だと知っておいてください**。

お母さんの笑顔で、かわいい息子の表情がみるみる変わる。そんな様子を見られるのも、小学校時代で最後かもしれません。

「親のサポート」と「子どもの自主性」のジレンマ

中学受験には親のサポートが必須です。子どもの自主性を育てたいと思っていても、やはり子どもだけで勉強を進めていくのは現実的ではありません。そこで、親が学習スケジュールを立てたり教材を整理したりと、学習環境を整えてあげることになりますが、それをどこまでやるかの判断がとても難しいところです。

タケシくんの家に行ったときのことです。私が指導をしている間は、親御さんには別のことをしていていただき、子どもと1対1で授業を進めていきます。その日は先週行われた組分けテストの見直しをしようと思い、「タケシくん、組分けテストの解答は?」と聞くと、隣室にいたお母さんがすかさずそれを持ってきて、「はい、どうぞ」と渡してくれました。

タケシくんの家では、専業主婦のお母さんが毎日の学習スケジュールの管理と教材の整理をしています。タケシくんが通っているサピックスは教材が1冊のテキストではなく、授業ごとに冊子が配られます。各教科で同じスタイルがとられているため、冊子は増えていく一方。それらを整理しておかなければ、家のリビングは大変なことになります。

そこでお母さんが教材の整理をしているため、タケシくんはどこに何があるのかを把握していません。

本来であれば、教材整理はタケシくん自身にやらせるべきでしょう。しかし、タケシくんは毎日塾の勉強で大忙し。塾から課せられる膨大な量の宿題を終わらせなければなりません。学習スケジュールはお母さんが立てているので、その日に何を勉強するかも、お母さんに聞いてからでないとわかりません。つまり、何もかもお母さんに任せきりなのです。

先日、ある私立中学の校長先生がこんなことを話していました。

「近ごろの生徒たちは、何か与えられた課題に対しては一生懸命に取り組むけど、自分で計画を立てたり、考えたりすることが苦手なように感じます」

校長先生はそれ以上のことを話しませんでしたが、おそらく今の中学受験のあり方を問いたかったのではないかと感じました。簡単に言ってしまえば、今の中学受験は受け身の子を大量生産してしまう危うさがあるということです。

男の子が塾をイヤがる理由

授業を公開しない中学受験塾も多いため、実際の授業がどんな様子なのか見えにくいところがあります。誰もが知る大手塾なら安心と思っている親御さんは少なくありませんが、これだけの数の塾と教室があるということは、先生の質もピンキリです。

したがって、塾にはいい先生もいますが、残念ながらハズレの先生もいます。これは小学校でも同じことですが、「運」としか言いようがありません。

ハズレの理由は、勉強の教え方が下手、早口で聞き取りにくいなどいろいろですが、**男の子にとってのハズレは「授業がわかりにくく、つまらない先生」**です。女の子と異なり、生理的に受けつけないということはあまりありません。

教え子のヒカルくんが塾に行きたくないと言い出したのは6年生の夏休み前。ヒカルくんは塾には通っていましたが、板書を取ってこない、宿題はしないなど、取り組む姿勢そのものに問題がありました。宿題をしない理由は「わかんないから」。そんなヒカルくんに、お母さんは「ちゃんと授業を聞いてるの？」「宿題に真剣に取り組んでないじゃない」という対応でした。

しかし、ヒカルくんにいろいろ聞くと、塾の先生がまったく授業をせず、授業中はずっと問題演習と答え合わせをしているとのこと。「新しい単元でも導入や解説はないの？」と聞くと、「動画で予習してこいっていう塾だから、解説は一切ないよ」とのこと。

ただし、ヒカルくんより下のクラスでは先生が導入からていねいに解説し、メインでないテキストや先生オリジナルの補助教材を使っています。ヒカルくんは「算数だけ下のクラスに行きたいなぁ」と言いますが、残念ながら、科目別にクラス対応している中学受験塾はありません。

ヒカルくんは自分の納得いくまでじっくり考え、理解できたらスラスラ解けるタイプ。

でも、塾では先生が「今から10分でこのプリント1枚全部終わらせること。よーい、ドン！」と常にあおってきます。そのため、自分の勉強方法と歯車がまったくかみ合わず、「こんなんじゃヤル気になんねーよ」とふてくされています。結局、ヒカルくんは夏休み前に塾をやめ、全科目個別指導に切り替えました。

また、あまり表立ってはいませんが、**塾の先生によるいじめもあります**。私のかつての教え子のカイトくんは、少しやんちゃなタイプの子。授業中に悪ふざけをしたのをきっかけに、それからことあるごとに先生に目をつけられ、みんなの前で大声で叱られたり、イヤミを言われたりするようになりました。クラスの子どもたちから見ても、あきらかにその先生はカイトくんをいじめのターゲットにしていると感じたそうです。

当然、カイトくんは塾に行くのをイヤがるようになりました。そこでお母さんは退塾を申し出ましたが、塾側は担当を替えるからどうかこのまま塾に残ってほしいと説得してきました。結局、カイトくんはその塾に残ることにしましたが、カイトくんが受けた傷が癒えることはありません。

男の子が塾をイヤがる理由は女の子より単純ですが、親としてはつい「なまけてるからでしょ！」「あなたにも非がある！」「みんな行ってるじゃない！」などと言ってしまいがちです。

でも、あまり感情を表に出さない男の子がポロッと「塾に行きたくない」とこぼしたとしたら、それは相当勇気をふりしぼったうえでのことです。頭ごなしに否定せず、ていねいに本音を聞き出してあげてください。精神的に幼いことの多い男の子は、自分の感情をうまく言語化できないことがよくあります。そこを読みとってあげて、理解し、味方になってあげてほしいと思います。

男の子の家庭教師は同志感が大切

家庭教師に必要なスキルは、もちろん指導力です。しかし、中学受験をする小学生には、今までさんざんお話ししてきたように、多角的なフォローが必要であり、指導力だけでなく「＋α」の能力が必要です。

弊社の家庭教師は、すべて女性の先生にしています。小学生には、母性を兼ね備えた女性の方が子どもに寄り添いやすいという考えがあるからです。これは女の子には確実にマッチしますが、実は男の子の場合は一概にそうとは言えません。

小学生の男の子が求めるのは母性、あるいは同志感です。

家庭でしっかりお母さんの愛情を感じられていれば、他人に母性を求めることはしませんが、家庭で愛情が不十分な男の子は他者にそれを求め、それはすぐにわかります。

私との授業の場合、距離を詰めてこようとしたり、何かにつけて触れてこようとするからです。そういう子には、幼児にするように「よくできたね」といって頭をなでてあげたり、「ちょっと疲れてるんじゃない?」と肩をもんであげたりします。

もちろん、そのようなことをしなくてすむなら、それにこしたことはありません。家庭でしっかり愛情を受け取っている子が先生に求めるのは「同志感」です。

女の子は「友だちからこんなふうに見られている気がする」といった感情を交えた会話で共感を求めますが、男の子は「給食でジャンケンに勝って、休みの子のプリンをもらえた」と事実を語ります。

こういったときに、「そのプリンはどんな味がするの？」なんて聞くと、途端にしらけた雰囲気が流れます。「ジャンケン強いの？　じゃ、勝負しよ！　ジャンケンぽん！」「勝った！　やりぃ～!!」「負けた！　ちょー悔しい!!」とテンポよく事実や行動のみを列挙することでどんどん信頼関係が強くなり、授業にもエネルギーが向きます。

実は、これは女性の先生にはけっこう難しいこと。私は中身が限りなく男性に近いので合わせることができますが（笑）、上品な女性にはその男の子特有の勢いがわかりません。こんなとき、実際の年齢は関係なく、気持ちが若くてエネルギッシュな男性の先生は男の子の気持ちをガシッとつかみます。

また、男の子の悩みを聞くとき、繊細な女性の先生は事態を深刻にとらえすぎる傾向があります。しかし、当の男の子はそこまで深刻には考えていません。シンプルな解決方法を一緒に考えてくれさえすれば、それでいいのです。

男の子が気持ちよく勉強に向かうためにも、お金を払って依頼する個別指導や家庭教師には、同志感を感じられる先生がおすすめです。

スポーツと中学受験は両立できるのか？

スポーツを続けながら中学受験をさせたいという相談を受けることがあります。特に男の子に多いですね。「中学受験をするなら、スポーツや習いごとと両立するのは難しい」とおっしゃる先生は多いのですが、私はできなくはないと思っています。

ただし、「たくさんの習いごとをしながら」というのはおすすめしません。どれか一つ、それも本人が本気で打ち込んでいるものであれば可能です。

スポーツと受験の両立で難しいのは、塾と日程が重なってしまうことです。野球やサッカーなどのチームスポーツでは、土日に練習や試合が行われることが多いもの。そのため、平日は塾に通えるとしても、土日に実施される模試を受けられなかったり、6年生からの志望校特訓を受講できなかったりするという問題があります。

ただ、こうしたスポーツも遅くとも6年生の夏には引退するので、そこからがんばって志望校に合格する子もいます。でも、6年生の夏まで模試をまったく受けないのは不安なもの。そこで、日程が重なっていても模試の申し込みだけはしておくように言っています。というのも、これらのスポーツは雨で練習や試合が中止になることも多いため、そのタイミングを逃さずに模試を受けられるからです。

模試を受けるメリットは、現状の学力を客観視できること。また、入試本番のリハーサルにもなります。これをまったくせずに入試に臨むことはおすすめしません。場の雰囲気に圧倒され、実力が出せなくなってしまうことがあるからです。

スポーツをやりながら中学受験を目指す場合、ある時期までは両立が大変ですが、**好きなことをやりきった子は、勉強へ気持ちを切り替えるタイミングを持てるのは大きなメリット**です。

でも、引退と同時にやる気スイッチがパチンと入るわけではありません。車だって、アクセルを踏んでいきなり100キロは出せませんよね。引退後は生活に張り合いがなくなり、一時的に失速します。しかし、スポーツで培った持ち前の集中力で徐々にアクセルを踏み、そのうち100キロで走れるようになります。

そして、「ここぞ」というときにものすごい集中力を発揮するのもこのタイプの子たちです。入試本番は多くの子が緊張しますが、小学生時代に野球やサッカーをやってきた子は、満塁の場面でボールを投げる、または打席に立つ、ＰＫを絶対に止めるなどの大勝負をすでに経験しています。

実際、教え子のショウくんは「入試より最後の試合で投げるときのほうが緊張した」と言っていました。こうした経験が強い心を育んでいくのです。

スポーツと中学受験の両立は、大変ですが可能です。ただし、それは**本人にやりたいという強い意志がなければできません**。首都圏に暮らすご家庭では、「ガツガツ勉強はさせたくないけど、中学受験はさせたい」「スポーツも受験もどっちもできる子って、なんかカッコいい」などと、中学受験を軽く考えていることがあります。

でも、親の安易な考えで両立させるとどちらも中途半端になり、子どもを疲弊させてしまいます。両立の条件は「本人の強い意志」「スポーツと中学受験、それぞれに何を求めるのかという明確な目的」が不可欠です。

そして何より、「合格＝両立」「不合格＝両立失敗」ではありません。どちらか一方だけでも大変なものを、限られた時間と体力のなかでがんばり通したことに価値があるのを忘れないでください。

男の子は目標が定まると本気になる

5年生の初めから指導をしているヒロキくんは剣道が大好きな元気な男の子。しかし、お母さんのすすめで中学受験をすることになりました。でも本人にその気がないため勉強に身が入らず、成績は常に不安定。

そんな状況を不安に思ったお母さんは、ヒロキくんの大好きな剣道を辞めさせ、受験勉強に集中するようにと抑え込みます。するとヒロキくんは反抗的な態度をとるようになり、親子関係がギクシャクしてしまいました。

私は「こんな状態ではうまくはいきませんよ」と、中学受験をやめるという選択を提示してみましたが、お母さんは頑として譲りません。「中学受験ありき」と考えている方は、私が何を言っても聞き入れてくれないことが多いのです。

であれば、ヒロキくんを納得させるしかありません。幸い私とヒロキくんとの間には信頼関係が築けていたので、ヒロキくんにこう言いました。

「ヒロキくん、中学生になったら何がしたい？」

「剣道」

「それは部活？　それとも道場？」

「部活でいい」

「そのくらいのレベルの剣道部がいいの？」

「弱すぎるとつまらないし、強すぎると試合に出られないからちょっと強いくらいでいいかな。区大会では勝つけど、都大会で勝ち進めるかは微妙なところ」

「かなり具体的だね〜。剣道部の活動場所は体育館でもいいの？」

「できれば剣道場のあるところがいい」

「じゃあ、そういう学校があるか探してみよう！」

すると、ヒロキくんはインターネットで情報収集を始めました。次の授業に行くと、

「先生、〇〇中がなんかよさそう。ここって偏差値いくつ？　オレが行けるレベル？」と聞いてきます。

「この先がんばれば何とか狙えるよ」と言うと、がぜん意欲的になったヒロキくん。

このように、**男の子は具体的な目標が定まると、ようやく本気になることができます。**

逆に、目標のない子に「とにかく勉強しなさい！」と言っても、何のために勉強しなければいけないのか納得できず、やる気を起こすことはできません。

結局、本人が〝自分ごと〟としてとらえられるようにならなければ、伸びてはいかないのです。

ちなみに、「逆転合格は男の子に多い」と思われている方が多いようですが、私の経験からすると、中学受験の逆転合格に男女差はそれほどありません。

女の子の場合、目標があろうがなかろうがある程度はコツコツがんばることができるので、あるとき、急激に成績が上がるということはあまりありません。

一方、男の子はそれまでまったくやる気を感じさせずまわりをハラハラさせていたとしても、具体的な目標ができたり、直前期に「やっぱり合格したい！」「全落ちだけはイヤだ！」という気持ちが芽生えたりすると、そこからようやく本腰を入れて勉強に取りかかるようになり、点数化されやすくなるのです。

本気になることの効果は計り知れません。これまでは、模試などで計算ミスをしても、「あ、やっちゃった」で終わっていたことが、「この計算ミスが命とりになる！」と重く受け止め、次は絶対に計算ミスをしないようにしようと心に決める。

たったそれだけのことを意識するようになるだけで、得点はガラリと変わってきます。

また、これまでなんとなく覚えていた理科や社会の知識も、「得点を上げて、絶対に合格するぞ！」という気持ちが入ると、今まで忘れていた「聖徳太子」の漢字を急に思い出せるようになったりします。

男の子の場合は、それまであまりやる気を感じさせないぶん、そのスイッチが入った後の変貌ぶりがすごい。それが一見、逆転合格のように見えるのでしょう。

ただし、それまで何もやってこなかった子が直前期にいくらやる気を出したところで、結果にはつながりません。**なんだかんだ文句を言いながらも、それなりにやってきたから**

こそラストスパートが効いてくるということは、覚えておいてください。

直前期であればゲームをごほうびにしてもいい

小学生の子どもはみんなゲームが大好きです。でも、受験をするとなると、それを我慢して勉強をしなければなりません。4、5年生のうちは、それほど厳しくしていないご家庭も多いようですが、さすがに6年生の直前期になると、「そんなことやってる場合じゃないでしょ！」と完全禁止になることがほとんどです。

でも、私はそこまで厳しくする必要はないと思います。むしろ、**子どもが大好きなゲームをうまく使って、メリハリのある学習をすることができます**。

たとえば、過去問を解くときに「前回より点数がよかったら、ゲームを10分やっていいよ」と言ってあげると、子どもは目の色を変えてがんばります。

そのくらい、子どもにとってゲームができることはうれしいのです。お母さんからすれば「たったそれだけのことで⁉」と思うかもしれませんが、それが男の子です。

でも、その効果が出るのは直前期だけ。ゲームが日常になっているとその生活に慣れてしまい、ごほうびにはなりません。6年生になって勉強量が増え、ゲームを我慢してここまでがんばってきた。だからこそ、結果を出すためのひとつのきっかけとして――。

そうした状況下においては有効だと思います。

ただし、子どもは一度やり出すと、「あとちょっと」「もう1回」とおねだりしてきます。もしそのように交渉してきたら、「もう二度とこの条件を提示しない！」と強く対応することが大切です。直前期のゲームのごほうびは、あくまでも親のコントロール下で認めるようにしましょう。

本番を最高の状態で迎えるために

どれほど長い時間かけて入念に入試に向けて準備をしてきても、当日にその力を発揮できなければ合格はできません。

入試本番における最大の敵は「緊張」ですが、緊張を完全に取り除くことはできません。しかし、**適度な緊張はパフォーマンスを最大に引き上げてくれる**のも事実です。極度の緊張を取りのぞき、緊張を味方につけるように意識を向けさせたいですね。

緊張のほぐし方は子どもによってさまざまですが、親にできることは次のふたつです。

- **物理的な「想定外」をなくしておく**
- **一番効く言葉がけを探る**

幸い、男の子はどれほど繊細なタイプでも、女の子のように「もし本番中にお腹が痛くなったらどうしよう」など、〝不安材料をわざわざ探してさらに不安がる〟というスパイラルには陥りにくいのが救いです。

もちろん、試験中に急にお腹が痛くなったり鼻血が出たりすると、それだけで子どもはパニックになります。「トイレに行ってもいいですか？」「ティッシュをいただけますか？」など、臨機応変に対処するという発想自体を持っていません。

大学入試のとき、やはり鼻血が出るという想定外のことでパニックに陥り、「そのせいであの大学に落ちたんだよなぁ」と振り返っていた友人もいました。高校生ですらそうなのです。

男の子の場合、極度の緊張で想定される身体変化は頭痛、吐き気、腹痛、下痢、多汗、鼻血など。だからこそ「これ以外のことはほぼ起こりえない」と安心させ、これらに対応できるよう準備しておきます。

お腹が痛くなってしまいそうな子には、「この薬はね、水なしで飲めて、しかも痛みがピタッと止まるんだよ」。鼻血が心配な子には鼻ポン（鼻にそのまま詰められる脱脂綿）を渡し、「試験会場はけっこう暑いみたいだから、休み時間は一度教室の外に出てごらん。頭もスッキリするよ」といった具合に、いつ何をするといいかを具体的に教えてあげましょう。

一番効く言葉がけも、子どもによって異なります。そのため、「誰に」「どのような言葉を」かけてもらうかが非常に重要になってきます。

本番前日にかかってくる塾の激励電話は、好きな先生からかかってくるのでなければテンションが著しく下がります。きらいな先生から電話がかかってくると、「本番もツイてないかもしれない」「(自分の好きな)○○先生にとって、自分の優先順位は他の子より低いのか……」と大きく落ち込みます。

そのため、どの先生から電話がかかってくるとうれしいのかを事前に子どもから聞き出し、塾に根回ししておく必要があります。

また、**男の子には「君なら大丈夫!」という親や先生からの「太鼓判型はげまし」が一番効きます。**逆に「平成30年度の過去問で、あの〝速さ〟の大問が解けたのは本当にすごい!」「最初の小問で手間取るようだったらその問題はいったん捨てて、先に進もう」などと、根拠づけのはげましや具体的なアドバイスをこまごましても、覚えていられません。

最も危険なのは、入試当日の朝になって、あまり受験に携わってこなかった方の親が「理科の星座の名前は大丈夫?」「歴史の人名は全部漢字で書く!」なんてこまごまと言わないようにすること。頭が混乱するばかりです。

もちろん、これも人によってさまざまなので、全員に共通するわけではありません。一番大切なのは、わが子がどのタイプかを親が見きわめることです。

結果をどう受け止めるか

しかし、模試でも常に上位をキープし、過去問も9割近く正解し、塾からも「間違いなく合格する」と太鼓判を押されているような子でも、不合格になることがあります。

単に学力がおよばなかったのであれば、「入試に間に合わなかった……」とある意味納得もできます。でも、そうでない場合は「いったい何が起きたのか？」と本人も親も、そして先生たちもショックを受けます。

こうなるのは、真面目で負けずぎらいの子に多いようです。負けずぎらいだからこそ、本人は実力を120％発揮しようと気負うし、実際に実力を発揮してきます。試験会場から晴れやかな顔で出てきて、「先生、算数は8割以上とれてるかも」などと言うことすらあります。

しかし、フタを開けてみると不合格。点数開示をしている学校に問い合わせると、満点どころか半分もとれていない……。これは特に算数に顕著です。

　このようなとき、子どもの中では何が起きているのか――。まず、**子どもの「できた！」はアテになりません**。算数の入試問題を読み、「あ、これは速さのつるかめ算だ！」と見抜けた時点で、子どもはその問題を正解させた気になっています。

　しかし、算数では数字の写し間違いをせず、正確に計算を解き進め、正しい答えを解答用紙に転記しなければなりません。

　同様のことは他科目にも当てはまります。選択肢で「①が正解！」と見抜けたのに、なぜか解答用紙には②と書いている。「菅原道真」は「菅原」ではないと気をつけて解答用紙に向かっているのに、吸い寄せられるように「菅原」と書いてしまう……。

　模試でこうしたことをすれば、「答える前にもう一度見直そう」「計算は二度見しよう」「聞かれている部分に線を引こう」と注意できます。そして、それらは入試までにさんざんやってきたはずです。

　しかし、オリンピック選手でも当日に最高のパフォーマンスを出すことは非常に難しい。プロの大人ですらそうなのに、すべての小学生が実力を最大限発揮できる保証はどこにもありません。

入試には必ず結果が出ます。合格なら「今までの苦労はすべて必要なものだった」と前向きに振り返り、「あんなに緊張していたのにね」と笑うことすらできます。

しかし不合格だった場合、今までの取り組みやがんばりがすべて否定されたように感じられるでしょう。「朝、あと30分早く起こしておくべきだった」などと、ささいなことにまでダメ出しをしてしまいがちです。

でも、できる限りのことをしたうえで不合格だったのなら、結果としてきちんと受け止める必要があります。「本番に弱い」というレッテルを貼ったり、トラウマになったりしないよう、**中学受験を通して得たものをよい面、足りなかった面、成長した面、今後の課題を含め、親子できちんと振り返る時間を持ちましょう**。それらを今後に活かすことができれば、単なる不合格ではなく、価値ある必然の不合格となります。

ひとたび試験会場に入れば、親はいっさい手を出すことができません。わが子が最高の状態で本番を迎えられるよう、お子さんをよく見て、その準備を進めてあげてください。

5章のまとめ

●中学受験と仕事は違う

努力が報われるとは限らないのが中学受験。ビジネスのように戦略的に取り組んでも、思うような結果は出ない。

●「放っておけ」は育児放棄

小学生は放っておくとラクな方に流れる。少年は手を離しても目を離してはいけない。

●お父さんにしかできないこと

男同士は、会話ではなく活動を共にすることで通じ合える。キャッチボールなどを体を動かすものがオススメ。

●お母さんの笑顔は最強

小学生男子はお母さんが大好き。会話も大切だが、できるだけお母さんの笑顔を見せること。

●子どもの自主性を阻まない

親が先回りしたりすべてを管理したりするのは、親自身が不安と恐怖心から逃れたいから。親にできるサポートとは、指示がなくても子どもが行動するように見守ること。

●スポーツと受験の両立は可能

本人に両立させたいという強い意志が必要。「合格=両立」「不合格=失敗」ではなく、限られた時間と体力のなかでがんばり通したことに価値がある。

●男の子は目標が定まると本気になる

具体的な目標が定まると、ようやく本気になる。勉強にスイッチが入る前と後のギャップが激しいので、これが逆転合格に見えることも。

おわりに

私は今も小学生の指導をしていますが、中学入試が終わった後も教え子に会って近況を聞いたり、相談に乗ることがあります。

しかし連絡をしてくるのはすべて女の子。「中学に入ったら中間と期末の報告をするのよ！」なんて言っても、男の子からの連絡はいっさいありません。

女の子は中学受験期のことを詳細に覚えていますが、男の子にとっては、知らないうちに通りすぎていた過去のひとつでしかないのです。

そのため、女の子のように「中学受験、その後」の後追いがなかなかできないのですが、それでもときどき中学、高校、大学、そして社会人になった教え子たちの様子を知る機会があります。

女の子は、何年たっても中学受験期の印象が大きく変わることはありません。

でも、男の子はまるで「別人」。体が大きくなるということもありますが、字の雑さに悩まされていたのがウソのような参考書レベルのノート、感情的に反発ばかりしていた親を論理的に諭す口調、「お腹すいた」が口癖だったのに自分でチャッチャとフライパンを使う腕っぷし――。

変わらない「笑うツボ」などから面影は垣間見られますが、基本的に男の子は前だけを見ているのだなぁ、と感じます。

そんな男の子たちに、「今から振り返ると、中学受験ってどうだった?」と聞くと、

「あんま覚えてない」

「もっと遊びたかった」

「夏期講習がウザかった」

「イヤだったけど、まぁしゃーないかなって」

など、感想はいたって小学生レベル。

社会人になると、

「親に感謝している」

という言葉も出てきますが、詳しく聞くと「今の(職業についている)自分があるのは東

大に行けたからで、東大に行けたのは親が無理やり中学受験をさせたから。小学生のころは死ぬほどイヤだったけど、まぁ今は感謝してるかな」とのこと。

「他に得るものはなかったの?」と聞いても、特に答えは出てきません。

何のためにがんばるのか

2019年4月、東京大学の入学式における上野千鶴子さんの祝辞が話題になりました。私も深く共感したので、その一部をご紹介します。

あなたたちはがんばれば報われる、と思ってここまで来たはずです。(中略)がんばったら報われるとあなたがたが思えることそのものが、あなたがたの努力の成果ではなく、環境のおかげだったことを忘れないようにしてください。

あなたたちが今日「がんばったら報われる」と思えるのは、これまであなたたちの周囲の環境が、あなたたちを励まし、背を押し、手を持ってひきあげ、やりとげたことを評価してほめてくれたからこそです。

世の中には、がんばっても報われないひと、がんばろうにもがんばれないひと、がんばりすぎて心と体をこわしたひと…たちがいます。がんばる前から、「しょせんおまえなんか」「どうせわたしなんて」とがんばる意欲をくじかれるひとたちもいます。

中学受験では、努力が報われるとは限りません。

塾講師時代、今でも印象に残っている男の子がいました。

その塾では、夕方からの平常授業はお弁当持ち。私が担当していた最上位クラスは全員男の子でした。彼らが広げるお弁当は、最難関校を目指すかわいい息子のために期待と愛情のあふれ出る手の込んだものが多く、「温かいものを食べさせてあげたい」と授業の途中でお弁当を持ってくる保護者の方もいました。

そのなかで、その子はいつもコンビニ弁当でした。3人兄弟の真ん中でご両親は共働き。下の妹がまだ小さく手がかかることから、お弁当は自己調達せざるをえなかったのです。

成績はクラスで一番良く、誰よりも真面目に宿題をし、授業中も問題を解き終えるのは一番早い。授業後、同じクラスの子に解き方を教える姿もよく見られました。

残念ながら、その子は第一志望に不合格。

結果報告を受けて電話を折り返したとき、「今、何をしてたの？」と聞いたら、「今週のスケジュールを立ててた」とのこと。小学生らしく遊びの予定ばかりかな、と思いながら「どんなスケジュール？」と聞いたら、「勉強と、ずっとお休みしていた素振りです」。

将来の夢が野球選手だとは聞いていましたが、本気で目指そうとする姿勢、そして入試が終わっても勉強を続ける意欲に「日本一賢い野球選手になってね！　将来、絶対サインちょうだいね！」と話すと「ふふふ」と笑い、「先生、今までありがとうございました」とあらためてお礼を言われました。

あらゆる先生から「この子の合格はカタい」と一目置かれていただけに、本人の中でも渦巻く思いがあったことは想像に難くありません。でも、不合格だからといって努力を放棄するのではなく、次なる目標に向かって努力を続ける姿に、私自身が非常に勇気づけられました。

その一方で「勉強なんてかったるい」とどんどん志望校を落とし、ほとんど勉強せずにサラッと第一志望に合格した男の子もいます。


努力が報われるとは限らない、でも努力は別の形で必ず自分に返ってくる――。これが中学受験です。

自分らしく生きるための中学受験

中学受験をテーマにした本やセミナーにおいて、みなさんが「現世利益」（最短で点数の上がる方法、合格する方法）を求める気持ちは非常によくわかります。

しかし、いろいろな小学生たち、さまざまな形の中学受験を見てきたからこそ、1章で「わが子にどんな大人になってほしいかを考えてください」とお伝えしました。

上野さんはこう続けます。

あなたたちのがんばりを、どうぞ自分が勝ち抜くためだけに使わないでください。恵まれた環境と恵まれた能力とを、恵まれないひとびとを貶めるためにではなく、そういうひとびとを助けるために使ってください。そして強がらず、自分の弱さを認め、支え合って生きてください。

（中略）未知を求めて、よその世界にも飛び出してください。異文化を怖れる必要はありません。人間が生きているところでなら、どこでも生きていけます。

中学受験は、お子さんの人生を確約するものではありません。親の安心を保証するものでもありません。

今回の本の執筆は、たくさんのステレオタイプとの戦いでした。

『女の子脳　男の子脳』（ＮＨＫ出版）の著者であるリーズ・エリオットも、性差は確実に存在するが、男の子と女の子の二分法ではない。どの子にも先入観を抱かないように向き合うことが大切だと説いています。

それはとてもシンプルなことで、その本質はノーベル平和賞受賞者のマララ・ユスフザイさんのお父さんが話した、次の言葉に集約されています。

「娘の翼を折らないように育ててきた」と。もちろん、娘も息子も同じです。

入試が終わってからこんな手紙をくださったお母さんがいます。女の子の話ではありますが、ご紹介したいと思います。

「娘はとても素直で何でも言うことを聞くので、中学受験は母親である私さえがんばれば何とかなると思っていました。でも、やるのは本人。受験を通して、それがどれほど傲慢な考えであったかということに気づかされました」

中学受験は、子どもの成熟度で差がつく部分が確実にあります。子どもがまだまだ幼い場合は、大人がなんとか誘導し、サポートせざるをえないこともあります。

しかし、入試会場に入っていくのは子どもひとりで、親がついていくことはできません。

男の子が幸せになる中学受験

中学以降に伸びる男の子の割合は女の子よりずっと多く、中学受験の結果でわが子を評価することはできません。

その大前提をふまえたうえで、中学受験に何を求めるのかを親が明確にして、男の子に伝わるように取り組んでほしいとあらためて思います。

「自分の力で合格を勝ちとった」という自己肯定感は、もちろん尊いものです。その一方で、「親のおかげ」「先生のおかげ」「周囲のおかげ」と感謝の気持ちを素直に持てる男の子が、長い人生のなかで幸せをつかんでいけるのだと思います。

性差がどうあれ、子どもが笑顔になり、大人になって振り返ったときに「やって良かった」と思える中学受験になりさえすれば、どんな事例もエビデンスも不要です。

ただし、これからの時代は卒業した学校名だけで幸せになれるほど単純ではないことだ

け は 確かです。

中学受験という経験が、自分らしく生きるための軸を獲得するきっかけになることを願ってやみません。

最後になりますが、本書の制作にあたってはライターの石渡真由美さん、青春出版社プライム涌光の岩橋陽二氏に大変お世話になりました。そして、実例として登場してくれたたくさんの受験生とそのご家庭のみなさまに、心より感謝申し上げます。

２０１９年７月　安浪京子

著者紹介

安浪京子　株式会社アートオブエデュケーション代表取締役、算数教育家、中学受験専門カウンセラー。神戸大学発達科学部にて教育について学ぶ。関西、関東の中学受験専門大手進学塾にて算数講師を担当。生徒アンケートでは100%の支持率を誇る。プロ家庭教師歴約20年。中学受験算数プロ家庭教師として、きめ細かい算数指導とメンタルフォローをモットーに、毎年多数の合格者を輩出している。中学受験、算数、メンタルサポートなどに関するセミナーを多数開催。特に家庭で算数力をつける独自のメソッドは多数の親子から支持を得ている。

中学受験《ちゅうがくじゅけん》 男《おとこ》の子《こ》を伸《の》ばす親《おや》の習慣《しゅうかん》

2019年8月20日　第1刷

著　　者　安《やす》浪《なみ》京《きょう》子《こ》
発 行 者　小澤源太郎

責任編集　株式会社 プライム涌光
電話　編集部　03(3203)2850

発 行 所　株式会社 青春出版社
東京都新宿区若松町12番1号 〒162-0056
振替番号　00190-7-98602
電話　営業部　03(3207)1916

印　刷　共同印刷　　製　本　大口製本

万一、落丁、乱丁がありました節は、お取りかえします。

ISBN978-4-413-23123-7 C0037